Vorlesegeschichten zu
Frühling und Ostern

Ausgewählt von
Carola Hoffmann

Mit Bildern von
Wolfgang Freitag

Pattloch

Bibliografische Information der Deutschen Bibliothek
Die Deutsche Bibliothek verzeichnet diese Publikation in der
Deutschen Nationalbibliografie; detaillierte bibliografische Daten
sind im Internet über http://dnb.ddb.de abrufbar.

Gedruckt auf chlorfrei gebleichtem Papier.

© 2005 Pattloch Verlag GmbH und Co.KG
ein Unternehmen der Verlagsgruppe Droemer-Knaur
Lektorat: Michael Schönberger
Umschlag: Daniela Meyer, München,
unter Verwendung von Illustrationen von Wolfgang Freitag, München
Satz und Layout: Elke Martin, München;
gesetzt aus Sabon 13,5/ 18,7 Punkt
Reproduktionen: Repro Ludwig, A-Zell am See
Druck und Bindung: Offizin Andersen Nexö, Leipzig

Printed in Germany
ISBN 3-629-01335-X

Besuchen Sie uns im Internet unter:
www.pattloch.de

02   04   05   03   01

Vorwort

Der Winter geht zu Ende und die Frühlingssonne wärmt die kalte Erde. Jetzt wollen die Kinder Mütze, Schal und Winterjacke zu Hause zu lassen und endlich wieder draußen spielen.
Dort gibt es jetzt viel zu entdecken. Staunend beobachten nicht nur die Kinderaugen den Zauber der erwachenden Natur.

Große Dichter haben diesen Zauber in Gedichte gefasst. Bekannte Kinderbuchautoren erzählen darüber fantastische und lustige Geschichten voller Poesie. Sie berichten von Blumen und Bäumen, von Tieren und Menschen, natürlich auch vom emsigen Osterhasen.

Mitten in die schöne Frühlingszeit fällt das Osterfest. Die Zeit davor und Ostern selbst kann mehr sein als Süßigkeiten verstecken und Schokoladeneier essen. Die Christenheit denkt jetzt an das Leiden, Sterben und die Auferstehung des Jesus von Nazaret.

Unsere Sammlung von Gedichten und Geschichten regt an, sich zusammen mit den Kindern auf die Suche nach dem tieferen Sinn des Osterfestes zu machen. Dazu wird nicht nur die Ostergeschichte für Kinder neu erzählt, sondern auch darum rankendes Brauchtum kindgemäß erklärt. Denn viele Traditionen der Osterzeit sind vergessen worden, ihr Ursprung und ihre Bedeutung sind uns verloren gegangen. Diese Buch will dabei helfen, diesen großen Schatz zu heben.

Wir wünschen Ihnen viele bereichernde Lesestunden mit Ihren Kindern.

Carola Hoffmann und *Wolfgang Freitag*

Inhalt

Kapitel 4: Von Palmsonntag bis Ostern

Kapitel 5: Was liegt denn da im Osternest

Kapitel 6: Maikäfer flieg

Kapitel 1

Frühlings- und Osterbräuche

Er ist's

Frühling lässt sein blaues Band
wieder flattern durch die Lüfte;
süße, wohlbekannte Düfte
streifen ahnungsvoll das Land.
Veilchen träumen schon,
wollen balde kommen.
Horch von fern ein leiser Harfenton!
Frühling, ja, du bist's!
Dich hab ich vernommen.

Eduard Mörike

Vom Osterhasen bis zum Frühjahrsputz – Woher kommen die Bräuche?

Die Tage werden wieder heller und wärmer. Die Menschen freuen sich auf den Frühlingsanfang. Vögel bauen ihre Nester und die ersten Blumen bringen Farbe auf die Erde. Groß und klein freut sich auf das nahe Osterfest. Um den Frühlingsanfang und Ostern ranken sich viele Bräuche. Da gibt es den Palmesel und ein Osterfeuer wird angezündet, dort werden Eier bemalt und verschenkt, und auch der traditionelle Frühjahrsputz ist so ein Brauch. Aber was steckt dahinter? Woher kommen alle diese Bräuche und welchen Zweck hatten sie einst? Um richtig Ostern verstehen und richtig feiern zu können, ist es wichtig, die Wurzeln der verschiedenen Bräuche zu kennen.

Woher kommt das Wort Ostern?

Lange Zeit bevor Jesus Christus geboren wurde, glaubten die Menschen an viele verschiedene Götter. Eine davon war die germanische Frühlingsgöttin. Sie hieß Ostara. Man ist sich heute jedoch nicht sicher, ob sich aus ihrem Namen das deutsche Wort Ostern ableitet, denn es gibt noch eine eine andere Erklärung: Das althochdeutsche Wort „ostar" bedeutet „östlich", „Richtung der aufgehenden Sonne", „Morgenlicht". So wie mit dem Sonnenaufgang jeden Morgen Licht in die Welt kommt, erleuchtet die Auferstehung Christi die Dunkelheit und bringt neues Leben. Weil die Sonne im Osten aufgeht, könnte sich das Wort Ostern also von der Himmelsrichtung Osten herleiten. Früher feierten die Christen den Auferstehungs-Gottesdienst auch am Ostersonntag bei Sonnenaufgang. Sobald sich das erste Licht im Osten zeigte, verkündete der Priester: „Christ ist erstanden."

Wieso ändert sich das Datum von Ostern jedes Jahr?

Sicher hast du schon bemerkt, dass die Vollmondtage jeden Monat auf ein anderes Datum und einen anderen Wochentag fallen. Dies ist deshalb so, weil Sonnen- und Mondlauf nicht übereinstimmen: Von einem Vollmond zum anderen sind es 29 Tage, unser Sonnenmonat hat aber 30 oder 31 Tage.

Das christliche Osterfest fällt mit dem jüdischen Passahfest zusammen. Es wird zur Zeit des Frühlingsmonds gefeiert, das ist der erste Vollmond nach dem 21. März (Frühlingsanfang). Da der Frühlingsmond nicht immer zur gleichen Zeit ist, ändert sich auch das Datum des Osterfests.

Damit wenigstens der Wochentag gleichbleibt, hat die Kirche festgelegt, dass Ostern immer an einem Sonntag gefeiert werden soll, und zwar an dem Sonntag, der auf den ersten Vollmond nach dem 21. März folgt.

Wieso werden gerade Eier bemalt?

Im Frühjahr freust du dich über die tapsigen jungen Enten am See und die niedlichen gelben Küken beim Bauern oder du hörst die kleinen Vögel frech unterm Dach zwitschern. Und wie unterschiedlich sie auch aussehen mögen, sie alle sind aus einem Ei geschlüpft. Aus dem Ei entspringt also neues Leben. Es ist ein Symbol der Fruchtbarkeit und der ewigen Wiederkehr des Lebens.

Damit sie schöner aussahen, wurden die Eier bemalt. Zuerst nur mit roter Farbe, die man aus dem Saft von Roter Beete gewann. Vor ungefähr dreihundert Jahren kamen andere Farben dazu. Und da es noch keine fertigen Ostereierfarben gab, ließ man sich einiges einfallen, um wunderschön bunte Ostereier zu bekommen: für grüne Eier wurde Spinatsaft verwendet, für gelbe Zwiebelsaft und für blaue Malvensaft.

Zunächst waren die Ostereier nur einfarbig. Später wurden sie mit bunten Mustern und Bildern verziert. Es gab sogar wertvolle Schmuckeier aus Silber und Gold, die mit Edelsteinen besetzt waren. Der Sonnenkönig, Ludwig XIV. von Frankreich, schenkte seiner Freundin ein Osterei, das so groß war, dass es von vier Pferden gezogen werden musste. Es bestand nur aus Schokolade.

Wieso werden die Ostereier versteckt?

Alles was dem Menschen Heil und Glück bringt, muss erst mühsam erworben werden – so lautet ein alter Volksglaube. Ostereier, die nach langem, geduldigem Suchen endlich gefunden werden, haben also eine starke Heilkraft. Außerdem macht die Suche den Kindern ja auch Spaß.

Was hat der Hase mit Ostern zu tun?

Genau genommen müsste es Osterhühner geben und keine Osterhasen. Denn die Hühner können wenigstens Eier legen. Trotzdem: Was fällt euch ein, wenn ihr an Ostern denkt? Eben nicht die Hühner, sondern der Osterhase natürlich. Er ist das Wichtigste, schließlich versteckt er die Eier und die Geschenke. Keiner weiß, wer auf die Idee mit dem Hasen gekommen ist. Aber er wurde wahrscheinlich ausgewählt, weil er sehr fruchtbar ist. Er ist also genauso wie das Ei ein Fruchtbarkeitssymbol. In früheren Zeiten hatte der Hase allerdings Konkurrenz: In Holstein und Sachsen war es der Hahn, im Elsass der Storch, in Hessen der Fuchs und in der Schweiz der Kuckuck, der den Kindern die Eier brachte.

16

Wieso heißt es Palmsonntag?

Palmsonntag ist der letzte Sonntag vor Ostern. Er soll an den Tag erinnern, an dem Jesus auf einem Esel in Jerusalem einzog. Die Menschen sahen in ihm den Retter des jüdischen Volkes und den Befreier aus römischer Vorherrschaft. Sie jubelten ihm zu und legten Palmwedel oder Ölzweige auf seinen Weg. Mit dem Palmsonntag beginnt die letzte Lebenswoche Jesu. Einige nennen sie „Passionszeit", nach dem lateinischen Wort für Leid, andere bezeichnen sie als „Karwoche". Das Wort „car" leitet sich aus dem mittelhochdeutschen Begriff für Trauer oder Wehklagen ab.

Was sind Palmbuschen?

Palmbuschen werden für die Palmprozession verwendet. In Deutschland werden die blühenden Kätzchen von Weide oder Haselstrauch zu Büscheln gebündelt und Palmkätzchen genannt. In der Schweiz nimmt man Stechpalmenzweige mit möglichst vielen roten Beeren und in Österreich bestehen die Palmbuschen aus Weiden- und Tannenzweigen. Die Palmbuschen werden nach der Prozession geweiht. Auf dem Dachboden aufbewahrt sollen sie vor Feuer und Blitzschlag schützen.

Wer wird Palmesel?

Ein Palmesel ist derjenige, der am Palmsonntag als Letzter aus dem Bett hüpft. Früher trieben Kinder diesen Langschläfer mit Weidenruten aus dem Bett und manchmal musste er sich sogar den ganzen Tag Eselsohren aus Pappe aufsetzen.

Wieso heißt es Gründonnerstag?

Ursprünglich hieß der Gründonnerstag „Greindonnerstag". Denn an diesem Tag durften alle seit dem Aschermittwoch „Greinenden", also die Weinenden, die Sünder, erstmals wieder am Gottesdienst teilnehmen. Dort wurde ihnen ihre Schuld vergeben.

Grün heißt der Donnerstag vor Ostern auch nach den ersten frischen, grünen Kräutern. Man kochte eine Siebenkräutersuppe aus Lauch, Spinat, Salat, Petersilie, Schnittlauch, Kresse und Löwenzahn oder buk Kräuteromeletts.

Die Kirche feiert am Gründonnerstag das letzte Abendmahl Christi. In der folgenden Nacht wurde Jesus von Judas verraten und am Ölberg gefangen genommen.

Was sind stumme Glocken?

Zwischen Gründonnerstag und der Osternacht schweigen alle Glocken der katholischen Kirchen. Früher riefen während der Zeit der stummen Glocken Jungs zum Gottesdienst: Sie zogen mit Ratschen und Klappbrettern von Haus zu Haus und erhielten dafür Brot und Eier. In manchen Teilen Deutschlands hört man die Kinder noch heute vor dem Gottesdienst lärmend durch die Straßen ziehen.

Wieso heißt es stiller Freitag?

Am Karfreitag denken die Christen an die Kreuzigung und den Tod Jesu. Dieser Tag ist ein Fasten- und Trauertag. Singen, Pfeifen oder Schreien war früher an diesem Tag nicht erlaubt. Auch die Kinder mussten leise sein und durften nicht zu laut spielen.

Was ist ein Osterfeuer?

Noch heute wird in der Nacht zum Karsamstag vor vielen Kirchen ein Feuer entfacht. Die sprühenden Funken sind ein Symbol für die Auferstehung Jesu aus dem dunklen Grab. Der Priester entzündet am Feuer die Osterkerze und trägt sie in die dunkle Kirche hinein. Jeder

Kirchenbesucher lässt seine mitgebrachten Speisen weihen und entzündet sein Osterlicht an der Osterkerze.

Ein Sprung über das Feuer soll Glück bringen. Aber oh weh, wenn du dabei hinfällst. Dann kann das Unheil nur abgemildert werden, wenn du dein Gesicht mit der Asche des Osterfeuers bestreichst.

Welche Kraft hat das Osterwasser?

In der Osternacht schlichen sich früher die jungen Mädchen an einen Bach oder Fluss, um sich dort mit dem Wasser zu waschen. Sie glaubten daran, dass sie dadurch viel schöner werden und das ganze Jahr über gesund bleiben würden. Allerdings wirkt der Zauber des Osterwassers nur dann, wenn die Mädchen auf dem Hin- und Rückweg keinen Laut von sich gaben. Jungs lauerten ihnen deshalb auf, um sie durch Neckereien zum Lachen zu bringen.

Woher kommt der Frühjahrsputz?

Möbel werden gerückt, Teppiche aufgerollt und ganz gleichgültig wo man sitzt oder steht, man ist im Weg. Kinder müssen den Frühjahrsputz schon seit vielen Jahrhunderten ertragen. Früher wollte man nämlich damit die Geister vertreiben, die es sich über die Wintermonate im warmen Haus gemütlich gemacht haben.

Carola Hoffmann

Kapitel 2

Der Winter weicht

Herr Winter, geh hinter,
Der Frühling kommt bald!
Das Eis ist geschwommen,
die Blümlein sind kommen,
und grün wird der Wald.

Christian Morgenstern

Gras unterm Schnee

Das war jetzt alles vorbei – die Fußballspiele, die gemeinsamen Hausaufgaben und das Fernsehen am frühen Abend. Auch Florian war traurig gewesen beim Abschied auf dem Bahnhof.

Michael duckte die Stirn gegen die Scheibe des Abteilfensters. Er fuhr aufs Land. Der Arzt hatte gemeint, er solle eine Weile draußen leben. „Siehst du, wie hübsch die Bäume aussehen?", fragte Michaels Mutter, die ihm gegenübersaß. „Wie glühende Fackeln, gelb und rot."

Michael nickte. Es war Herbst. Die Wiesen schimmerten golden und das Obst wurde reif. Im Sommer waren sie jeden Tag ins Schwimmbad gegangen. Das war jetzt alles vorbei.

Der Bauer holte Michael am Bahnhof ab. Mit dem Pferdewagen fuhren sie zum Einödhof. Es gab dort keine Kinder, nur Maria. Aber die war ein Mädchen und außerdem war sie älter als Michael. Am nächsten Tag fuhr die Mutter zurück. Michael streifte umher. Tuff, der Hofhund, begleitete ihn. Am Waldrand waren noch Brombeeren, schwarz und süß. Der Himmel sah klar und sehr kühl aus. Michael fröstelte.

Abends lernte er Snick, den Igel, kennen. Er kam immer um die gleiche Zeit und Michael brachte ihm seine Milch.

Ein paar Tage später half er dem Bauern, die Kühe von der Alm zu holen. Die Bäuerin und Maria hatten das Obst geerntet. In großen Körben trugen sie es nach Hause. Auf einmal sahen die Bäume ganz leer und müde aus. So müde waren sie, dass sie ihre Blätter nicht mehr tragen konnten. Es raschelte ein wenig, wenn die Blätter herunterfielen. Michael stand am Fenster. Er sah den Vögeln nach. Sie hatten sich gesammelt und flogen nun fort. Bald wird es Winter sein.

„Es wird immer weniger", dachte Michael. Und er dachte auch, dass Florian nicht ein einziges Mal geschrieben hatte.

Eine Rose blühte noch im Garten, die Astern waren welk geworden und die Sonnenblumen hielten die braunen Köpfe gesenkt.

„Warum stirbt eigentlich alles?", fragte Michael.

Tuff antwortete nicht. Er schloss die Augen. Um die Zeit hatte er immer sein Rheuma.

Über Nacht kam der Frost. Da gaben auch die Dahlien auf. Ausgewischt waren die Farben des Gartens. Dann hob sich der Wind wie im Zorn und kämmte die Bäume kahl.

Plötzlich war Snick verschwunden. Michael fand ihn nicht mehr, so sehr er auch suchte. Er setzte sich auf den Leiterwagen, hauchte in seine klammen Hände und steckte sie tief in die Taschen.

„Hast du Heimweh?", fragte Maria. Nein, das war es nicht.

Die Bäuerin legte Tannengrün auf die Beete.

„Damit die Blumenzwiebeln es warm haben bis zum Frühjahr."

Im Frühjahr würden sie blühen, aber das konnte Michael sich nicht vorstellen. Er sah die nackten Äste der Bäume und dass die Zweige der Sträucher wie ein Gewirr von Strichen waren. Und auf den Wiesen hockten die Krähen und ließen alles noch leerer erscheinen. Es war sehr still.

„Die Erde geht zur Ruhe", sagte Maria.

Vor dem Einschlafen kam es Michael noch einmal in den Sinn: Die Erde geht zur Ruhe. War sie müde wie er, wenn der Abend kam? War der Sommer für die Erde ein langer Tag? Der Herbst, die Dämmerung und der Winter die Nacht?

Nach jeder Nacht kam ein Morgen, darauf konnte man sich verlassen. Michael wickelte sich fester in die Decken. Er schloss die Augen. Gedanken, Wünsche und Träume zogen sich in ihn zurück und er schlief ein.

Draußen jagte der Sturm übers Land. Aber die Erde hatte das Leben in sich geborgen. Sie hütete es, bis es Zeit sein würde.

Der Bauer hatte die Wiesen gedüngt. Nun fiel der Schnee. Wie ein riesiges Federbett deckte er alles zu. Tuff schlief den größten Teil des Tages unter dem Ofen, und die Kühe im Stall standen ruhig und zufrieden.

Beim Schlittenfahren musste Michael manchmal denken, dass er eigentlich über Gras fuhr. Aber war da wirklich noch Gras unter dem Schnee? Wer konnte schon wissen, was unter der Decke geschah, die die Erde verhüllte.

Die Zeit verstrich und mit einem Mal ging ein lauer Wind. Tuff streckte die Vorderbeine, die Hinterbeine und stand in der Tür.

Der Bauer schaute zum Himmel auf und nickte. Dann verschwand er im Schuppen und man hörte ihn klopfen und sägen. Jetzt summte die Bäuerin manchmal ein Lied. Und an einem Tag kam Maria und brachte Schneeglöckchen. Wie gescheckt lagen die Wiesen. Der Schnee schmolz und gab große Grasflecke frei.

„Wird es Frühling?", fragte Michael Tuff, der nicht aufhören konnte, die Erde zu beschnuppern.

Blumentupfen am Waldrand waren die Antwort. Millionen wilder Primeln blühten, gestern waren sie noch nicht da. Knospe um Knospe brach auf. Grün webten sich Schleier zarten Laubes zwischen die Äste der Bäume. Die Erde war erwacht.

Nichts war gestorben, nun hob sich ein jedes aus tiefem Schlaf. Bienen summten, Vögel sangen, Falter taumelten zwischen den Blumen und süß verströmten Blumen ihren Duft.

In jeder Minute schenkte die Erde Neues aus ihrer unendlichen Fülle.

„Snick ist wieder da", schrieb Michael an Florian. „An einem Abend saß er im Hof."

Dann lief er hinaus. Ein wenig atemlos war er und sehr glücklich.

Gina Ruck-Pauquèt

Als der Winter nicht weichen wollte

*I*m Herbst hatte das Jesuskind der Mutter Maria eifrig im Garten geholfen, hatte die Erde schön locker gemacht und sich ein Beet angelegt, in das es Samen und Blumenzwiebeln säte. Den Winter über hatten sie den Garten ruhen lassen und sich auf das Frühjahr gefreut. Aber in jenem Jahr schien die Winterkälte gar nicht mehr weichen zu wollen. So lagen die Felder und die Beete weiterhin nackt und bloß da, und kein einziges grünes Spitzchen wagte sich hervor.

Nun erinnerte sich auch das Jesuskind wieder an die Samen und Blumenzwiebeln in seinem Beet und wollte schauen, was sie machten. Wie enttäuscht aber war der Knabe, als er feststellen musste, dass auch auf seinem Beet noch nichts wachsen wollte. Traurig erzählte er es der Mutter Maria, die drinnen in der Stube saß und nähte.

Die Mutter nahm das Kind in den Arm und tröstete es. „Wenn bald die Sonne kommt und der Erde ihre Wärme schenkt, dann sollst du sehen, wie die Blumen auf deinem Beet wachsen werden. Hab nur noch ein wenig Geduld", sagte sie.

Dann wandte sie sich wieder ihrer Arbeit zu.

Der Knabe hatte seiner Mutter aufmerksam zugehört. Jetzt lief er wieder hinaus. Und was meint ihr wohl, was er da tat? Er hockte sich vor seinem Beet nieder und begann, auf die kalte Erde zu hauchen, wie sein Vater sich auf die kalten Hände hauchte, wenn er von der Arbeit heimkam. Seine Mutter sah ihn lange dort hocken und wunderte sich, was er da wohl trieb. Endlich ging sie zu ihm.

„Was machst du denn da, Jesus?", fragte sie.

„Ich bin die Sonne", erwiderte der Knabe eifrig, „und schenke der Erde meine Wärme, dass die Blumen wachsen können", so sprach das Jesuskind und hauchte fleißig weiter.

„Ei, du Schelm", rief die Mutter Maria, „meinst du wirklich, du kannst es gerade so gut wie die Sonne?"

Das Kind nickte ernsthaft. Maria streichelte ihm über die Haare. Sie mochte ihn in seinem Eifer nicht enttäuschen. Allein, was war das bisschen Kinderwärme gegenüber der Eiseskälte des Winters!

Am nächsten Morgen konnte es das Jesuskind kaum erwarten, in den Garten hinauszukommen. Und denkt euch: Auf dem Beet des Jesuskindes zeigten sich grüne Spitzen, und auch auf den übrigen Beeten hatte es zu sprießen begonnen.

„Du kleiner Sonnenknabe", sagte Maria staunend, als sie es sah, „wer hätte das gedacht."

Tatsächlich konnte man in den folgenden Tagen den Eindruck gewinnen, dass die Sonne in das Gärtchen von Maria und Josef Einzug gehalten hätte. Während rings umher immer noch die Winterkälte regierte, begannen dort schon die ersten Frühlingsblüten zu blühen.

Nur einer wunderte sich kein bisschen darüber: der Jesusknabe. Der klatschte nur jubelnd in seine kleinen Hände und freute sich, dass es ihm gelungen war, den Winter aus dem Garten zu verjagen.

Georg Dreißig

Derselbe Sommer kommt nicht wieder

Weißt du sicher, dass es einmal wieder Frühling wird?", fragt Babsy ihre Mutter, als sie durch die Stadt spazieren.

„Ja", sagt die Mutter.

„Woher weißt du es?", will Babsy wissen.

„Es ist immer wieder Frühling geworden."

Sie bleiben vor den Schaufenstern stehen und schauen sich die Stiefel an und die Pelzmützen.

„Wo kriegen die Bäume die neuen, grünen Blätter her?", fragt Babsy, als sie durch den kleinen Park gehen.

„Sie kommen aus ihnen heraus", sagt die Mutter. „So, wie die Gedanken aus dir herauskommen."

„Hm", macht Babsy.

Die Mutter holt eine Tüte mit Brotkrumen aus der Tasche und sie füttern die Enten, die über den Eisrand des Weihers herangewatschelt kommen.

„Im Sommer saß ein kleiner Junge mit einer Mundharmonika hier", sagt Babsy.

„Und auf der Bank die dicke Frau, die strickte."

„Und dann war da noch der Hund – weißt du, der, der immer Löcher gebuddelt hat. Wo sind die alle? Ich meine", setzt sie hinzu, „wo ist der ganze Sommer? Kommt er wieder?"

„Nein", sagt die Mutter und sie lässt einen Schwan aus ihrer Hand picken. „Derselbe Sommer kommt nicht wieder."

„Ist er einfach fort?", fragt Babsy.

Die Mutter nimmt Babsy an die Hand. „Nein", erwidert sie. „Er ist nicht fort. Nichts, was gewesen ist, ist einfach fort. Er ist in dir. Wenn du deine Augen zumachst, kannst du ihn sehen."

Da schließt Babsy schnell die Augen. Und wahrhaftig – alles ist grün! Der kleine Junge spielt Mundharmonika, die dicke Frau sitzt auf der Bank und der Hund buddelt Löcher.

„Mm", meint Babsy. „Wird das, was heute ist, morgen auch in mir drin sein?"

„Ja", sagt die Mutter.

Gina Ruck-Pauquèt

Die grüne Spur

Hu – der Sturm tost durch den Wald.
Dunkel ist die Welt und kalt.
Der Igel hat sich zugedeckt,
der Maulwurf hat sich tief versteckt,
halten ihre Winterruh,
schließen fest die Augen zu.
Der Schnee zieht seine Decke dicht,
schlaft ihr Tiere, friert jetzt nicht!

Doch in tiefer Winternacht,
da ist jemand aufgewacht.
Horcht – ich hör' es leise wispern,
hör' es knacken, rascheln, flüstern.
Pflanzenkinder sind nicht stille,
recken sich aus ihrer Hülle,
strecken sich zum Licht empor,
schieben ihre Triebe vor.

Wo ist ihre grüne Spur?
lauft hinaus und sucht sie nur!

Barbara Cratzius

Die Glöckchenblume und der Schnee

Als Gott die Welt erschaffen hatte, die Pflanzen, die Tiere und den Menschen, hatte er an sie alle Farben verteilt. Als er ganz zuletzt auch den Schnee machte, hatte er keine Farbe mehr für ihn. Da sprach Gott: „Dir erlaube ich, deine Farbe selbst auszusuchen, da du ja ohnehin alles auffrisst."

Der Schnee ging daraufhin zum Gras und bat es: „Gib mir etwas von deiner grünen Farbe." Das Gras aber wies ihn ab.

Da besuchte der Schnee die Rose und bat sie, ihm etwas von ihrem roten Kleid abzugeben, aber die Rose wandte sich von ihm ab.

Ebenso erging es dem Schnee bei der gelben Sonnenblume und beim blauen Veilchen. Keine Pflanze, kein Tier und auch nicht der Mensch waren bereit, dem Schnee etwas von ihren Farben zu schenken.

Zuletzt traf der Schnee die weiße Glöckchenblume und klagte ihr: „Mir ergeht es wie dem Wind. Der ist auch so ruhelos, weil er unsichtbar ist. Auch mit mir will niemand seine Farbe teilen."

Da tat der Glöckchenblume der farblose Schnee leid und sie bot ihm an: „Wenn dir mein schlichtes Weiß gefällt, dann nimm dir davon." Hocherfreut nahm der Schnee die weiße Farbe an und dankte der Glöckchenblume: „Weil du mit mir geteilt hast, so will ich dir auch etwas von mir schenken. Du sollst ab heute nicht mehr nur Glockenblume, sondern Schneeglöckchen heißen."

Seit dieser Zeit ist der Schnee allen Pflanzen, Tieren und auch dem Menschen übel gesinnt. Nur dem Schneeglöckchen nicht, das er es schon blühen lässt, während er noch kalt auf der Erde liegt.

Alfons Schweiggert

Die Pfütze im Hohlweg

Die Haltestelle für den Schulbus lag eine Viertelstunde weit vom Dorf entfernt, sofern man auf der Straße ging. Es führte auch ein kürzerer Weg dahin, erst bergan durch ein Wäldchen, dann bergab durch einen Hohlweg. In der Mitte des Hohlwegs stand eine Pfütze. Hatte es geregnet, konnte man ihr nach keiner Seite hin ausweichen. Und da die Kinder verlernt hatten, barfuß zu gehen, kehrten sie um und liefen am oberen Hohlwegrand über den glitschigen Acker. Zum Glück regnete es nicht allzu oft, und so konnten die Kinder im Hohlweg bleiben und sich an der Pfütze vorbeidrücken.

Es war wieder einmal soweit: Regen … Aus den Wolken goss es nur so, und den Kindern war der Weg durch die Pfütze versperrt.

„Entschuldigt bitte, dass ich da bin", hauchte die Pfütze, aber keiner der Jungen, keines der Mädchen hörte sie. Als es wieder still im Hohlweg war, klagte die Pfütze allen, die über ihr waren, ihr Leid: den Blättern der Bäume, den schwarzen Holunderdolden, den Weißdornbeeren und den Hagebutten: „Ach", stöhnte sie weinerlich, „wie unnütz mein Dasein ist! Ich bin ja nur immer im Wege. Ihr anderen, ihr seid zu etwas gut, nur ich – über mich ärgern sich alle im Dorf."

Die anderen hörten der Pfütze zu. Einen Trost wussten sie jedoch nicht. Da kam eine wochenlange Trockenheit über das Land, der Wind fegte Staub und welke Blätter durch den Hohlweg. Und die Pfütze wurde so klein, dass die Schulkinder eigentlich leicht über sie hinwegspringen konnten. Eigentlich… Aber sie sprangen nicht. Denn sie waren wie alle Bewohner des Ortes ganz matt wegen der glühenden Hitze. Alle lechzten nach Wasser und – man sehnte sich nach Regen.

Eines Abends klagte die Pfütze: „Bald werde ich sterben und mein Leben lang bin ich zu nichts nütze gewesen …"

„Ist doch nicht wahr!", knurrte ein alter Fuchs , der neben der Pfütze

hockte und seine Zunge hängen ließ. „Ist doch einfach nicht wahr!",
wiederholte er etwas sanfter. „Dein Leben lang hast du den Himmel
gespiegelt. Das soll dir mal einer nachmachen! Ich jedenfalls kann es
nicht, und die Menschen können es auch nicht, außer vielleicht die
Kinder und ein paar Heilige, wenn du verstehst, was ich meine. So,
jetzt muss ich aber gehen. Meine Zunge raschelt schon wie dürres
Schilf, und ich falle um vor Durst, wenn ich nicht bald einen Schluck
Wasser finde. Grüß deinen Himmel von mir!" Und schon wollte er
davontraben.

„Halt, warte doch!", bettelte die Pfütze. „Schau, hier, in dieser meiner
Kuhle sind noch ein paar Tropfen Wasser für dich. Komm und trink
mich aus."

Der Fuchs lächelte, beugte seinen Fang über die Pfütze und leckte die
Kuhle leer bis auf den Grund. Dann streckte er die Glieder aus, gähnte
und blinzelte zum Himmel. Dicht neben dem Mond entdeckte er eine
klitzekleine Wolke. „Ja, so ist es!", sagte er und strich davon.

Rile Schöne

Der Baum und das Schneeglöckchen

Am Waldrand, dort, wo sich Fuchs und Hase zuweilen Gute Nacht sagen, hatte sich ein Baum angesiedelt. Viele Jahre lebte er dort, ließ seine Blätter im Wind singen und die Vögel in seinem Geäst nisten. Von Zeit zu Zeit versuchte er, mit seinen Nachbarn ins Gespräch zu kommen. Doch die Fichten waren stolz, die Kiefern nicht sehr gesprächig und der Holunderbusch hatte mit sich selbst zu tun.

„Ich muss blühen und Früchte tragen – immer wieder. Das nimmt mich schon genug in Anspruch", pflegte er zu sagen. Eines Tages hörte der Baum ein leises Läuten in der Nähe seiner Wurzeln. Ein winziges Schneeglöckchen wiegte sein grünweißes Köpfchen.

„Schneeglöckchen, wohnst du schon lange hier?", fragte der Baum.

„Nein, ich kam vergangene Nacht", antwortete die kleine Blume.

„Hübsch bist du, Kleines", schmeichelte der Baum, um das Gespräch fortführen zu können.

„Groß und stark bist du", erwiderte das Schneeglöckchen. „Sicher hast du viele Freunde."

„Ach, wo denkst du hin! Alle sind nur mit sich beschäftigt", klagte der Baum.

„Wenn du willst, können wir uns unterhalten", sagte die Blume zaghaft. So geschah es, dass sich zwischen dem großen Baum und dem winzig kleinen Schneeglöckchen eine tiefe Freundschaft entspann.

Doch eines Tages vernahm der Baum das helle Läuten nicht.

Er schaute, suchte seine Freundin und entdeckte sie mit welken Blättern.

„Du, mein Kleines!", rief er. „Was ist mit dir?"

„Ach, ich bin so müde. Ich werde jetzt schlafen, lange Zeit schlafen. Aber ich komme wieder!"

Der Baum sah das Schneeglöckchen von Tag zu Tag müder werden. Und je höher die Sonne stieg, desto weniger wurde das Blümchen, bis es eines Tages ganz verschwunden war.

„Schneeglöckchen wird wiederkommen", tröstete er sich. „Vielleicht muss ich nur noch stärker und schöner werden." Er reckte die Knospen, trieb wunderschöne Blätter, denen der Wind zärtliche Lieder entlockte.

Den ganzen Sommer lang bemühte er sich, doch von seiner kleinen Freundin erhielt er kein einziges Zeichen. Da wurde der Baum traurig. „Schneeglöckchen schläft, schläft zu lange, schläft für immer", sagte er zu sich und wurde vor Traurigkeit selbst immer müder. Seine Blätter welkten. Der Herbstregen wusch sie ihm von den Zweigen. Es schien, als wollte er das Schneeglöckchen mit dem Laub zudecken und warm halten. Später bedeckte der Schnee das Laub, die Wurzeln und Äste. „Ich möchte auch sterben", flüsterte der Baum dem Wind zu. Doch der blies nur rauh und rief: „Warte es ab!"

Die Nächte wurden lang, sie wurden wieder kürzer. Der Baum stand stumm und einsam. Selbst dem Holunderbusch, der jetzt etwas Zeit hatte, antwortete er nicht auf sein Geplauder.

Doch plötzlich – eines Tages – vernahm er ein feines Läuten. Neben seiner Wurzel reckte das Schneeglöckchen das Köpfchen empor.

„Schneeglöckchen, Kleines!",
rief er glücklich.

„Baum, du Starker!",
freute sich das Schnee-
glöckchen. „Du hast
mich nicht vergessen."
Da fühlte der Baum
die Säfte in sich em-
porsteigen, spürte
neue Kraft und trieb
herrliche Knospen.

Dietlind Steinhöfel

Kapitel 3

Dem Sonnenschein entgegen

Frühlingsanfang

Die gelbe Sonne küsste
den blauen Himmel im Traum.
Da ergrünten Gräser und Blumen
und Baum um Baum.

Wer hat aus Gelb und Blau
das Grüne so schön gemacht?
Der Frühling träumte die Farben,
mischte sie über Nacht.

Alfons Schweiggert

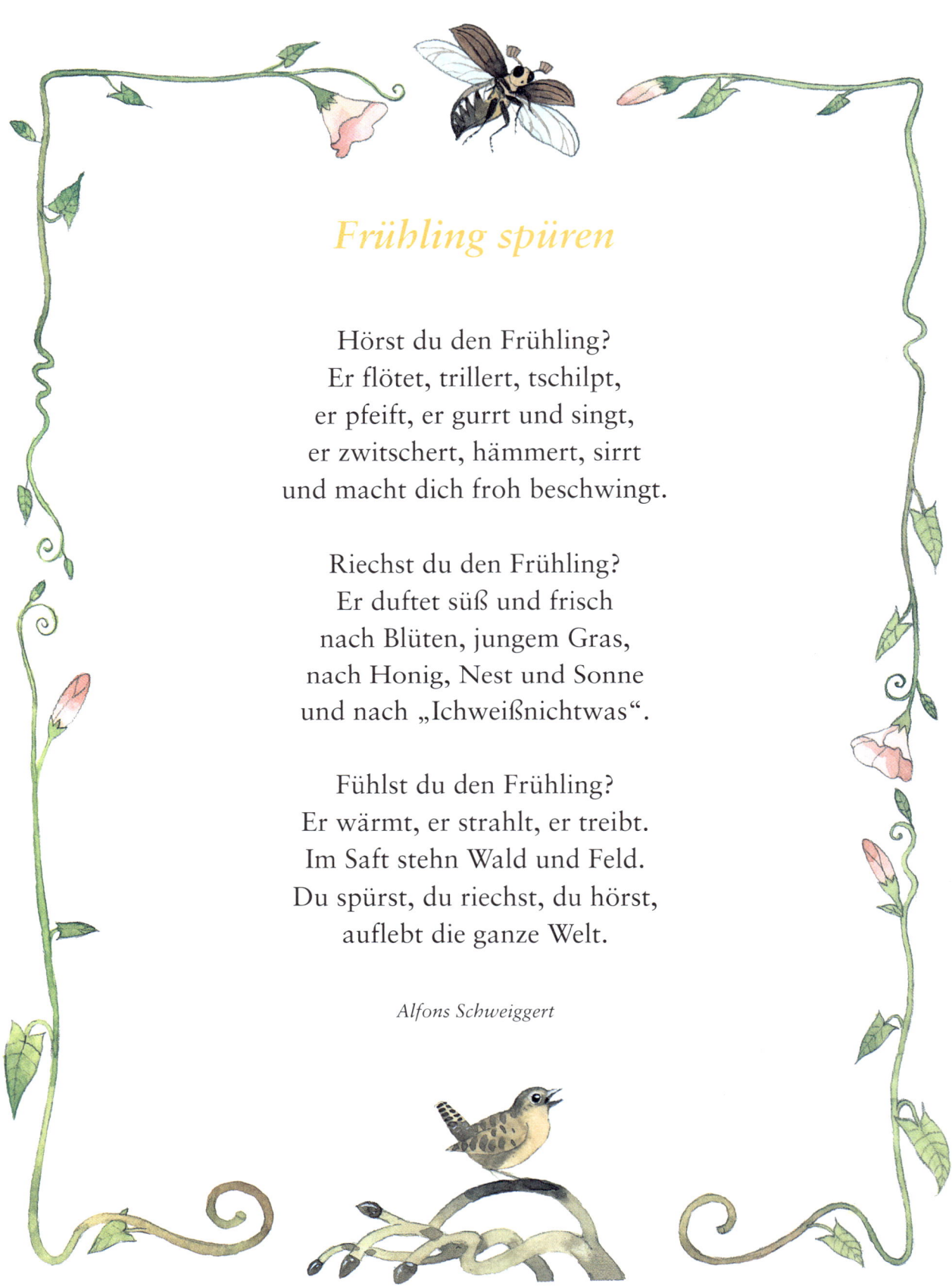

Frühling spüren

Hörst du den Frühling?
Er flötet, trillert, tschilpt,
er pfeift, er gurrt und singt,
er zwitschert, hämmert, sirrt
und macht dich froh beschwingt.

Riechst du den Frühling?
Er duftet süß und frisch
nach Blüten, jungem Gras,
nach Honig, Nest und Sonne
und nach „Ichweißnichtwas".

Fühlst du den Frühling?
Er wärmt, er strahlt, er treibt.
Im Saft stehn Wald und Feld.
Du spürst, du riechst, du hörst,
auflebt die ganze Welt.

Alfons Schweiggert

Ist doch klar!

Heute ist der erste schöne Frühlingstag. Den nützen die Kinder, um endlich mal wieder draußen zu spielen. Auf dem Spielplatz beim Freibad wuselt es nur so. Katrin und ein paar andere Kinder buddeln im Sandkasten und reden dabei über ihre Haustiere.

„Ich habe ein Zwergkaninchen", sagt Lisa. „Das ist ganz süß und kann sogar Männchen machen."

„Wenn ich einen Stock werfe, rennt unser Schäferhund hinterher und bringt ihn mir zurück", erzählt Johannes. „Und er tut immer genau, was ich sage."

„Mein Meerschweinchen gehorcht mir zwar nicht", gibt Antonia zu, „aber es ist schön weich und schmust gern mit mir."

„Wenn mein Goldhamster gut aufgelegt ist, kann er sogar Purzel-bäume schlagen", behauptet Axel.

Zwergkaninchen, Schäferhund, Meerschwein-chen, Goldhamster, Wellensittich, Schildkröte, Goldfisch – die meisten Kinder haben ein Haustier.

„Hast du keines?", fragen sie Katrin.

„Doch", antwortet Katrin. „Ich habe eine Osterkatze."

Die Kinder lachen.

„Eine Osterkatze?", fragt Antonia. „Was soll denn das sein?"

„So was gibt's ja gar nicht", meint Johannes.

„Doch!", widerspricht Katrin. „Ich hab' eine."

„Deine Osterkatze ist wahrscheinlich ein Osterhase", stichelt Axel.

„Doofkopf", gibt Katrin zurück. „Ich habe sie letztes Jahr zu Ostern bekommen. Also ist es eine Osterkatze. Ist doch klar!"

Manfred Mai

Daniels abenteuerliche Zugfahrt

Papa, Mama und Daniel machen heute ihren ersten Frühlingsausflug. Sie wollen mit der Dampflok fahren. Den ganzen Winter hat sie in ihrem Schuppen gestanden. Jetzt schnauft sie wieder über die Schienen. „Nostalgiefahrt" nennt man das.

Schon nach kurzer Zeit hält die Lok am ersten Bahnhof. Viele Leute steigen aus um zu fotografieren. Auch Papa und Daniel klettern aus dem Wagen. Daniel knipst mit dem Fotoapparat, den Opa und Oma ihm geschenkt haben.

Als der Schaffner pfeift, steigen alle schnell wieder ein und die Fahrt geht weiter.

Mama hat inzwischen im Speisewagen Kuchen gekauft. „Ich mache mir Sorgen, wenn ihr aussteigt", sagt sie.

„Wir vergessen doch nicht, wieder einzusteigen", beruhigt Papa sie. „Und außerdem fährt die Lok so langsam, da kann man ja nebenher laufen."

Daniel hat kaum Zeit seinen Kuchen zu essen. Ständig muss er aus dem Fenster gucken. Und gleich kommt der nächste Bahnhof und der Zug hält schon wieder an.

Daniel lässt die Kuchengabel fallen. „Komm, Papa!", ruft er und schnappt seinen Fotoapparat. „Wir machen noch mehr Bilder."

„Ich will erst meinen Kuchen zu Ende essen", antwortet Papa.

Also klettert Daniel ohne Papa aus dem Waggon. Aber dauernd stehen ihm die anderen Leute im Weg. Erst als sie wieder einsteigen, kann er die Dampflok richtig knipsen.

Immer wieder drückt er auf den Auslöser. Ein Bild. Und noch ein Bild. Er kann sich gar nicht trennen. Opa und Oma werden Augen machen, wenn er ihnen die Fotos zeigt!

Jetzt kommt dicker Qualm aus dem Schornstein der Lokomotive. Das muss Daniel auch noch aufnehmen.

Und dann ächzt die Lok und setzt sich in Bewegung.

Daniel braucht einen Moment, ehe er begreift, dass der Zug ohne ihn losfährt. Er rudert wild mit den Armen und schreit: „Halt! Halt! Ich muss auch noch mit!"

Aber bei dem Höllenlärm, den die Dampflok macht, hört ihn kein Mensch. Und die Leute im letzten Waggon, der gerade an ihm vorbeifährt, schwenken fröhlich die Arme, weil sie denken, er will ihnen winken.

Daniel fängt an zu rennen. Aber jetzt merkt er, dass die Dampflok doch nicht so langsam ist. Nach kurzer Zeit sieht er nur noch die Rücklichter. Und schon ist der Zug um die Ecke verschwunden. Nur einen langgezogenen Pfiff hört Daniel noch, dann ist es still. Sehr still.

Daniels Knie fühlen sich auf einmal an wie Wackelpudding. Er stolpert zu dem Bahnhofsgebäude hinüber. Dort gibt es nur einen Schalter. Aber zum Glück sitzt dahinter ein Bediensteter und blättert in seiner Zeitung.

„Möchtest du eine Fahrkarte?", fragt er Daniel. „Der nächste Zug kommt aber erst in zwei Stunden."

„Nein", piepst Daniel. „Ich möchte zu dem Zug, der gerade weggefahren ist."

Der Mann sieht aus, als würde er Daniel nicht so ganz verstehen. Und deshalb erklärt Daniel ihm alles.

Auf einmal versteht der Mann ihn sehr gut. „Wir müssen sofort los!", ruft er. „Ich fahre dich mit dem Auto. Wenn wir

uns beeilen, erwischen wir den Zug an der nächsten Haltestelle."
Er hängt ein Schild an den Schalter: „Geschlossen".

Rasch laufen sie aus dem Bahnhofsgebäude. Auf dem Parkplatz steht nur ein Auto. Es sieht ziemlich verrostet aus. Daniels Beine werden schon wieder ganz schwach. Mit dieser alten Schüssel sollen sie die Lok einholen?

Aber das Auto springt sofort an und im nächsten Moment brausen sie über die Landstraße. Sie führt direkt an den Gleisen entlang. Und bald sieht Daniel tatsächlich eine dichte Rauchwolke.

„Da ist die Lok!", ruft er.

„Wird auch Zeit", meint der Mann. „Da vorne ist nämlich auch der Bahnhof. Und an dem hält sie nicht lange."

Mit quietschenden Reifen biegt er auf den Parkplatz ein. Hier ist es nicht so leer wie auf dem anderen Parkplatz. Dicht an dicht stehen die Autos. Und überall wimmelt es von Leuten.

„Lauf!", ruft der Mann. „Sonst fährt sie dir wieder weg."

Daniel springt aus dem Auto. „Danke!", ruft er. Schnell wie ein Blitz rennt er zum Bahnsteig. Gerade steigen die letzten Leute ein. Daniel klettert hinter ihnen her in seinen Waggon.

Papa und Mama sitzen immer noch gemütlich auf ihren Plätzen. Sie sehen gar nicht aufgeregt aus. Überhaupt nicht so, als hätten sie ihr Kind verloren.

„Wo warst du denn so lange?", fragt Mama.

Da merkt Daniel, dass sie von seinem Abenteuer gar nichts mitgekriegt haben.

„Ich war nur draußen auf der Plattform", behauptet er.

„Jetzt bleibst du aber hier", meint Mama. „Sonst verlieren wir dich noch."

„Wie soll das denn gehen?", lacht Papa. „Die Lok fährt doch so langsam, dass man nebenher laufen kann."

Aber dazu möchte Daniel lieber nichts sagen.

Luise Holthausen

Die Tochter des Frühlings

Moritz rennt ins Haus und ruft: „Felix! Felix! Ich habe den Frühling getroffen. Der sitzt am Spielplatz auf einer Bank und sieht den Kindern beim Spielen zu."

Felix schüttelt den Kopf: „Das ist doch Quatsch. Der Frühling kann sicher nicht dasitzen und den Kindern zuschauen."

„Doch", beharrt Moritz, „wenn du es nicht glaubst, dann komm doch mit."

Felix läuft mit Moritz zum Spielplatz. Auf dem Weg dorthin redet er auf seinen Bruder ein: „Also, hör mal, der Frühling ist doch eine Jahreszeit. Die sieht einfach nicht aus wie ein Mensch. Höchstens im Bilderbuch ist er manchmal so gemalt."

Als die beiden am Spielplatz ankommen, sehen sie einen Mann auf einer Bank sitzen. Moritz zieht seinen Bruder Felix, der jetzt etwas zögert, zur Bank und sagt: „Entschuldigen Sie, mein Bruder will mir nicht glauben, dass Sie der Frühling sind."

Der Mann lacht: „Doch, ich heiße Frühling, Joachim Frühling. Und dort spielt meine Tochter Sonja. Ich nenne sie einfach Sonne, weil sie immer so lustig ist. Hallo, Sonne, komm mal her!"

Ein kleines Mädchen läuft fröhlich singend auf Herrn Frühling zu und strahlt Moritz und Felix an. Da muss Felix lachen.

„Tatsächlich, du bist eine richtige Frühlingssonne", sagt er zu der kleinen Sonja, die wegen dieses Kompliments lächeln muss.

Alfons Schweiggert

43

Frühlingsfreuden

Hast du schon mal nachgedacht,
was im Frühling Freude macht?
Schau dich um, schau dich um –
überall und rund herum.
In der grünen Wiese liegen,
wo die Schmetterlinge fliegen,
schauen, wie die Blumen blühen,
Wolken hoch am Himmel ziehen
und die Lämmer fröhlich springen,
horchen, wie die Vögel singen,
eine Hand voll Blumen pflücken,
warme Sonne auf dem Bauch,
Erdbeereis mit Sahne – auch.
Weißt du was, weißt du was?
Das macht dir im Frühling Spaß.

Rosemarie Künzler-Behncke

44

Wie die Schlüsselblumen ihren Namen bekamen

Lange Zeit war es auf der Erde dunkel und kalt gewesen. Eine dicke Schneedecke lag auf der Wiese. Tief unter der Erde schliefen Igel und Käfer, Maulwürfe, Mäuse und Regenwürmer in ihren Nestern und Gängen. Die Vögel plusterten sich auf. Die Raben saßen auf den kahlen Ästen und krächzten vor Hunger in die kalte Winterluft. Die Rehe und Hirsche nagten an den Rinden der Bäume. Und die Hasen suchten im Gemüsegarten am Bauernhaus die letzten paar Kohlblätter zusammen. Sie alle warteten auf den Frühling. Dieser ließ sich hier und da auch schon blicken: Die Weidenkätzchen und der Seidelbast streckten ganz vorsichtig ihre ersten Blattknospen heraus. Und die kleine Meise stimmte am frühen Morgen zaghaft ihr erstes Frühlingslied an. „Wann wird es endlich warm?", piepste sie. „Wir wollen endlich unsere Nester bauen."

Der Frühling hörte die ersten Vogelstimmen und er freute sich darüber. Er nahm den goldenen Schlüssel, um die Erde und die Flüsse aufzuschließen. Dann sagte er der Sonne und dem Südwind Bescheid. Und die Sonne begann zu strahlen und der Südwind begann zu blasen. Da taute das Eis in den Bächen und der Schnee auf den Wiesen. Am Himmel erschienen die ersten Schwärme der Zugvögel.

„Hurra!", riefen die Kinder, „endlich können wir draußen spielen. Wir können Rollschuh laufen und Fahrrad fahren!"

Der Frühling aber eilte von Blume zu Blume, von Baum zu Baum. Er weckte Wiesen und Wälder auf. Und weil er es so eilig hatte, lief er so schnell, dass er seinen goldenen Schlüssel verlor.

Oh weh, da kam der Winter zurück. Der kalte Wind brauste über das Land und die Sonne versteckte sich hinter dicken Wolken. Die Blumen und Tiere krochen in die Erde zurück. Und alle Farben und alle Wärme waren verschwunden.

Nur der Frühling war noch da, aber der fror und zitterte entsetzlich vor Kälte. Traurig suchte er zwischen den welken Herbstblättern nach seinem Schlüssel. Da steckten auf einmal viele kleine Blumen ihre goldenen Blütenblätter unter dem welken Laub hervor.

„Wir wollen dir suchen helfen", flüsterten sie und guckten unter jedes braune Blatt. Endlich fanden sie den goldenen Schlüssel.

„Liebe Blümchen, ich danke euch!", rief der Frühling ganz glücklich. Und fragte sie dann: „Wie heißt ihr denn?"

Die Blümchen schüttelten traurig ihre gelben Glöckchen: „Wir haben keinen Namen."

Da rief der Frühling: „So sollt ihr Schlüsselblumen heißen!"

Nacherzählt von Carola Hoffmann

Die Prinzessin und der Zeisig

Auf einem Baum vor dem Fenster einer Prinzessin wohnten ein Zeisig und eine Nachtigall. Wenn es dunkel wurde und der Mond am Himmel erschien, begann einer der beiden Vögel zu singen. „Welcher von den beiden Vögeln mag es sein?", dachte die Prinzessin. Ich möchte ihn haben.

Am folgenden Morgen erzählte sie ihrem Vater von den beiden Vögeln und bat ihn, ihr den Sänger zu schenken.

„Gern", sagte der König, „aber du musst selber herausfinden, welcher der richtige ist."

Ein Vogelfänger wurde beauftragt, die beiden Vögel zu fangen und ins Schloss zu bringen.

Die Prinzessin wunderte sich. Der eine war hübsch, mit einer roten

Stirn, gelbgrünen Flügeln und einer rosafarbenen Brust. Der andere aber war grau und unscheinbar.

„Überlege gut, denn du darfst nur einmal wählen", sprach der König.

Die Prinzessin brauchte sich nicht lange zu besinnen. Sie zeigte auf den Zeisig.

„Nimm ihn", sagte der König und schenkte der Nachtigall die Freiheit wieder.

Als der Mond aufging, wartete die Prinzessin ungeduldig auf das wunderbare Lied. Doch sie wartete vergeblich. Die Nachtigall war weit davongeflogen.

Der Zeisig aber blieb stumm. Er hatte nicht mehr zu bieten als sein buntes Federkleid.

Nacherzählt von Max Bolliger

Wie das wohl ist?

Wie das wohl ist,
Blume zu sein?
Im Gras zu stehn,
zerbrechlich, klein.
Nie fortzugehn.
Wie das wohl ist,
Blume zu sein?

Wie das wohl ist,
ein Baum zu sein?
Den Sternen nah
und auch dem Stein.
Was fühlt man da?
Wie das wohl ist,
ein Baum zu sein?

Wie das wohl ist,
der Wind zu sein?
Dahinzuziehn,
so ganz allein,
unsichtbar, kühn.
Wie das wohl ist,
der Wind zu sein?

Gina Ruck-Pauquèt

49

Der Eindringling

Einmal stand ich auf dem Hof und betrachtete ein Nest, das ein Schwalbenpaar unterm Dach gebaut hatte. Beide Schwalben flogen vor meinen Augen fort. Das Nest blieb eine Weile leer. Da flog ein Spatz vom Dachfirst herab, flog zum Schwalbennest hin, sah es von außen und innen an und schlüpfte ins Nest.

Streckte sein Köpfchen heraus und tschilpte. Bald darauf kam eine Schwalbe zum Nest zurück. Sie steckte den Kopf ins Nest. Aber kaum hatte sie den Eindringling bemerkt, schlug sie Lärm, stand mit aufgeregten Flügeln vor dem Nest in der Luft und flog dann weg.

Der Spatz blieb sitzen und tschilpte. Plötzlich kam ein ganzer Flug Schwalben an. Alle flogen gegen das Nest hin, als wollten sie dem Eindringling sagen: Wir werden es dir schon zeigen! Der Spatz zeigte keine Spur von Angst, drehte den Kopf nach allen Seiten und tschilpte.

Die Schwalben flogen wieder gegen das Nest hin, taten dort irgend etwas und flogen wieder fort. Was taten die Schwalben? Jede brachte im Schnabel ein wenig Lehm mit und mauerte den Nesteinschlupf ein wenig zu. Unablässig flogen die Schwalben. Enger und enger wurde das Nestloch. Anfangs war noch der Spatzenhals zu sehen gewesen, dann nur noch der Kopf, dann nur noch der Schnabel. Dann nichts mehr … Aber auf einmal: Durch den nassen Lehm kam erst der Spatzenschnabel, dann der Spatzenkopf, dann der ganze Spatz – und weg war der freche Bursche, und die beiden Schwalben hatten wieder ein offenes, leeres Nest.

Leo Tolstoi

Blaue Federn

Im Garten von Julias Haus hat eine Amsel ihr Nest gebaut. Mitten in den Holunderstrauch. Drei kleine Amselkinder sind aus ihren Eiern geschlüpft.

Julia hat auch einen Vogel, einen kleinen blauen Wellensittich. Er heißt Freddy. Er ist ganz zahm und zwitschert den ganzen Tag. Aber als sie jetzt in ihr Zimmer kommt, ist alles still. Freddy zwitschert nicht. Er sitzt nicht auf seiner Stange. Er sitzt nicht auf seiner Schaukel. Er fliegt auch nicht im Zimmer herum.

„Freddy!", ruft Julia. „Wo bist du?"

Aber Freddy antwortet nicht. Julia läuft zum Käfig. Und da sieht sie Freddy endlich: Er hockt im Sand auf dem Käfigboden. Das Köpfchen hat er ins Gefieder gesteckt.

„Bist du müde?", fragt Julia.

Freddy öffnet nur ein Auge. Er rührt sich nicht.

„Bist du krank?", fragt Julia.

Freddy öffnet das andere Auge. Aber er rührt sich immer noch nicht.

„Was hast du denn bloß?", fragt Julia. Sie steckt die Hand in den Käfig und schiebt einen Finger unter Freddys Bauch. Freddy setzt zögernd seine Krallen darauf.

Julia hebt ihn aus dem Käfig. „Im Garten ist ein Amselnest", erzählt sie. „Die Jungen sind erst drei Wochen alt."

„Piep", macht Freddy nur und steckt den Kopf wieder ins Gefieder. Er ist viel älter als die Amselkinder. Er ist sogar älter als Julia. Und die ist immerhin schon sieben Jahre alt.

Julia setzt Freddy zurück in den Käfig. Dort kann er noch ein bisschen schlafen. Sie läuft hinaus in den Garten. Zu nah darf sie nicht an den Holunderstrauch gehen. Sonst bekommt die Amselmutter Angst um ihre Kinder.

Das Nest kann Julia trotzdem sehen. Die Amselkinder sperren hungrig ihre Schnäbel auf und piepsen aufgeregt durcheinander. In den ersten Tagen waren sie winzigklein und ganz nackt. Jetzt haben sie flaumige Federn und sind so groß, dass sie kaum noch Platz im Nest haben. Das größte Amselkind schlägt sogar mit den Flügeln. Als wolle es gleich los fliegen. Aber das kann es natürlich noch nicht. Am Abend sitzt Freddy immer noch auf dem Käfigboden und hat das Köpfchen im Gefieder.

„Morgen gehen wir zum Tierarzt", verspricht Mama.

Aber am nächsten Morgen liegt Freddy auf der Seite. Die Krallen hat er von sich gestreckt. Er ist ganz starr.

Julia weint. „Freddy ist tot", weint sie.

„Aber er hat ein langes, schönes Leben gehabt", tröstet Mama sie. „Wir sollten ihn im Garten begraben."

„Unter dem Holunderstrauch", beschließt Julia. „Da ist er ganz nah bei den anderen Vögeln."

Sie nimmt eine kleine Schachtel und legt Watte hinein. Darauf bettet sie Freddy. Dann gräbt sie mit der Gartenschaufel ein Loch unter dem Holunderstrauch und legt die Schachtel hinein. Als sie die Erde wieder

festgeklopft hat, pflückt sie noch ein paar Blümchen und legt sie auf die Erde. Es sind Vergissmeinnicht. Sie sind blau. Fast so blau wie Freddys Federn.

„Das sieht schön aus", sagt Mama.

Julia nickt. Sie ist immer noch ganz traurig. Bestimmt wird sie noch lange traurig sein. „Wo Freddy jetzt wohl ist?", fragt sie.

„Ich weiß es nicht", sagt Mama. „Aber bestimmt geht es ihm gut."

Über ihnen im Holunderstrauch piepsen die Amselkinder immer lauter und aufgeregter. Julia schaut auf. Das große Amselkind sitzt auf einem Zweig neben dem Nest. Es flattert mit den Flügeln. Fast sieht es aus, als würde es rudern. Das ist so komisch, dass Julia auf einmal lachen muss.

Noch ein paar Mal schlägt das Amselkind mit seinen Flügeln. Dann wagt es den Absprung und schwingt sich in die Luft. Im Zickzack fliegt es zum Apfelbaum hinüber.

Julia kneift die Augen zusammen. Die Sonne blendet sie. Sie kann das Amselkind kaum noch sehen. Aber fast könnte sie meinen, dass seine Federn im Sonnenlicht blau glitzern.

Luise Holthausen

Pluspunkte

W as ist mit deinem Zimmer?", fragte Mama. Sie trug gerade einen Arm voll Winterklamotten aus der Diele Richtung Speicher.

„Was soll damit sein?", tat Isabell unschuldig.

„Du siehst doch, dass ich Frühjahrsputz mache. Dazu würde passen, dass du endlich mal dein Zimmer aufräumst!"

„Frühjahrsputz? Man kann doch putzen, wann man will. Warum gerade so ein Aufstand im Frühjahr?"

„Widersprich mir nicht! Dein Zimmer sieht aus wie eine Rumpelkammer!"

„Aber ich habe keine Zeit!"

„Warum nicht?"

„Äh – weil ich – weil ich Kathi anrufen muss!"

„Das kann ja nicht den ganzen Nachmittag dauern. Ich kaufe ein und versorge Oma. Wenn ich wiederkomme, erwarte ich, dass aufgeräumt ist!" Danach ging die Wohnungstür zu.

„Sie hat nicht einmal auf meine Frage geantwortet, warum man ausgerechnet im Frühjahr so ein Theater macht! Sie nimmt mich überhaupt nicht ernst!", dachte Isabell. Dann betrachtete sie ihr Zimmer. Es
lagen einige Dinge auf dem Boden, CDs, Hefte, Bücher, Haarspangen,
Strümpfe, Zeitschriften, Zettel, Stifte, Fotos – aber was war daran so
schlimm? Jedesmal geriet sie mit ihrer Mutter darüber in Streit. Es war
doch ihr Zimmer! Sie stolperte doch über die Sachen – wie gerade jetzt
über Hansi, ihren Lieblingsplüschhund – und nicht ihre Eltern.
Ihre Mutter kam vom Speicher zurück. „Also bis nachher!"
„Ja."
Bald darauf hörte Isabell Mamas Schritte und die Wohnungstür. Kurz
danach sah sie sie aus der Parklücke fahren. Das hieß erst einmal:
Ruhe. Sie holte das Telefon und rief Kathi an. Von ihrer Hängematte
aus. Sie hatte so viel zu erzählen, von der Schule, von der Heimfahrt
mit der Straßenbahn, von ihrer Mutter. Kathi ging es nicht anders.
Auch sie hatte eine Menge zu berichten. Als das Gespräch beendet
war, stellte Isabell fest, dass schon viel Zeit verstrichen war.
„Aber wenn ich jetzt aufräume, klappt es noch!", dachte sie. Doch
zuvor musste sie zu Papas Computer. Kathrin hatte ihr von einer neuen
Infoseite zu Jeanette Biedermann erzählt. Gerade als sie sich „Right
now" vorspielen ließ, klingelte es. Sie ging zur Wohnungstür. Mama
besaß eine kleine Putzleiter. Von dort erkannte Isabell durch den Tür-
spion eine Frau. Sie überlegte. War das nicht die Frau von gegenüber?
Mit dem behinderten Sohn? Die waren erst vor ein, zwei Tagen einge-
zogen. Isabell öffnete. Der Junge war auch dabei. Er saß in einem
Rollstuhl.
„Ich bin Frau Spinn. Wir sind neu in diesem Haus", sagte die Frau.
„Ich weiß", erwiderte Isabell.
„Könnte mein Sohn Chris vielleicht etwas bei euch bleiben? Ich muss
noch zum Rathaus und das macht gleich zu!"
„Ich brauche keinen, der sich um mich kümmert!", sagte Chris. Er
mochte acht oder neun sein. Auf jeden Fall war ihm die Frage seiner

Mutter nicht recht. Isabell dachte an ihr unaufgeräumtes Zimmer.

„Geht in Ordnung, Frau Spinn!", sagte sie zögernd.

„Vielen Dank!" Frau Spinn lief zum Aufzug.

Isabell wollte den Rollstuhl in die Wohnung schieben.

„Danke, mach' ich selbst!", sagte Chris.

„Pass auf, hier stehen Besen und Eimer rum!"

„Frühjahrsputz –wie?"

Das Wort brachte Isabell sofort wieder den Streit mit ihrer Mutter in Erinnerung. Sie bereute, dass sie der neuen Nachbarin zugesagt hatte. Jetzt bekam sie ihr Zimmer auf keinen Fall fertig. Ihre Mutter würde den Besuch von Chris nicht als Entschuldigung gelten lassen. Sie würde fragen:„Wann ist Chris denn gekommen?" – und dann gab's Krach. Zuvor durfte sie den Jungen wahrscheinlich noch aufs Klo heben oder ihm bei anderen unangenehmen Dingen helfen.

„Huii!", pfiff Chris in Isabells Zimmer durch die Zähne.

„Ne Menge CDs und Bücher. Alles gehört und gelesen?"

„Das meiste schon!"

„Vermute ich richtig, dass deinen Eltern aber die Anordnung nicht gefällt?"

„Wie?"

„Na ja, dass sie auf dem Boden liegen."

„Bis meine Mutter kommt, soll ich das Zimmer aufgeräumt haben."

„Wann kommt sie?"

„Es kann nicht mehr allzu lange dauern."

„Dann lass uns anfangen!"

„Du willst mir helfen? Das schaffen wir nie!"

Ehe Isabell weiterreden konnte, hatte Chris sich nach einem Plüschtier gebückt. Isabell durfte ihm Bücher und CDs auf den Schoß werfen. Er rollte zum Regal und ordnete sie ein. Das machte er ausgezeichnet.

Er schien darin Übung zu haben. Als alles weggeräumt war, putzte Isabell und Chris fuhr den Staubsauger über den Teppich. Bald darauf war das Zimmer kaum wiederzuerkennen.

„Und jetzt nach unten!"

„Was willst du denn draußen?", fragte Isabell.

„Wirst du schon sehen."

Chris holte sich eine Jacke und eine Decke für die Beine. Es war noch recht kühl. Unten fuhr Chris an den Häusern vorbei Richtung Wiese und Wald. Wenn er nicht selbst dran kam, zeigte er Isabell, was sie pflücken sollte. Er schien viele Pflanzen zu kennen. Eine violette nannte er „Wiesenschaumkraut", eine gelbe „Kuhblume" und eine weiße „Hirtentäschel".

„Woher weißt du das?", fragte Isabell.

„Aus Büchern. Das interessiert mich."

„Und wozu pflücken wir die Blumen?"

„Als Strauß für dein Zimmer. Dann wirkt das Putzen erst richtig."
Plötzlich kam eine Frau in Wanderschuhen auf sie zu.

Sie nickte, sagte: „Das finde ich aber nett!" und ging weiter.

„Wer war das denn?"

„Frau Trinowitz, meine Lehrerin. Sie kann mich nicht leiden."

„Aber sie hat doch was von nett gesagt."

„Wahrscheinlich meint sie damit, dass ich dich im Rollstuhl herumschiebe."

„Du schiebst mich doch gar nicht."

„Egal. Einen Pluspunkt habe ich bei ihr trotzdem durch dich."
In der Wohnung merkten sie, dass sie zu viel gepflückt hatten. Deswegen machte Isabell noch eine Vase für ihre Eltern fertig und Chris eine für seine Mutter. Eine Viertelstunde später war Mama wieder da. Sie begrüßte Chris. Dann sah sie sich um. „Ja. Jetzt sieht es ordentlich aus! Dazu die schönen Blumen überall! An dem Zimmer hast du wohl lange gearbeitet?! Nun will ich aber auch weitermachen!", sprach sie und ging.

„Schon der zweite Pluspunkt durch mich!", grinste Chris.

„Wie kann ich das nur wieder gutmachen?"

„Indem du rüberkommst, wenn bei uns die Putzerei losgeht."

„Und wann wäre das?"

„Ich vermute nächste Woche."

„Dann habe ich ja noch Zeit mich von der Arbeit heute zu erholen!",
lachte Isabell, Chris lachte mit.

ten Haaf

Der Frühling

Mit duftenden Veilchen komm ich gezogen,
auf holzbraunen Käfern komm ich gebrummt,
mit singenden Schwalben komm ich geflogen,
auf goldenen Bienen komm ich gesummt.
Jedermann fragt sich,
wie das geschah:
Auf einmal
bin ich
da!

Mascha Kaléko

Das Frühlingsnasenjucken

König Nikolaus Nasiforowitsch, der dreieinhalbte, liebte den Frühling über alles. Jedes Jahr, wenn die Schwalben zurückkehrten und die Kastanien im königlichen Garten zu blühen anfingen, hüpfte sein Herz vor Freude. Aber der König hatte ein Problem. Kaum hatte er am Morgen das Fenster geöffnet, um die duftende Frühlingsluft herein zu lassen, da ging es auch schon los.

Zuerst war da nur dieses kleine Kitzeln ganz oben in der Nase. Doch bald schon begann es zu knistern und zu brodeln. Nikolaus Nasiforowitsch rieb sich die Nase, schlug sich auf die Schenkel, trampelte schließlich mit beiden Füßen auf den Boden – doch es half alles nichts! Es dauerte genau dreieinhalb Minuten, da tat er einen solch gewaltigen Nieser, dass der Boden zu zittern begann. Und weil der Boden zitterte, begannen auch die Wände zu zittern. Und weil die Wände zitterten, kamen auch die vielen königlichen Weingläser, die Sektgläser und die Wassergläser in den königlichen Wandschränken in Bewegung. Sogar der große gläserne Kronleuchter an der Decke begann zu schwanken. Und plötzlich durchzog ein feines Klirren den ganzen Saal.

Von diesem Klirren erwachten die Mäuse unter dem Dielenboden. Sie hielten dieses Klirren für das Zeichen, jetzt mit ihren feinen, sehr hohen Mäusestimmchen einzustimmen in diesen Zauberklang. Und das feine Gläserklirren zusammen mit dem noch feineren Kronleuchterläuten und dem allerfeinsten Mäusegesang ergab eine so überwältigend zarte Musik, dass jedem einigermaßen musikalischem Menschen die Tränen gekommen wären. Nicht jedoch Nikolaus Nasiforowitsch! Diese ganz und gar einmalige Musik gehörte für diesen König einfach zu seinem Nieser dazu. Er achtete gar nicht darauf. Er zog stattdessen ein riesiges, blaukariertes Taschentuch hervor und putzte sich die Nase. Dann zog er an einer roten Kordel. Eine Glocke ertönte und der königliche Leibdiener erschien.

Nikolaus Nasiforowitsch wies auf das Fenster und befahl: „Sofort schließen!"

Eine Sekunde lang dachte er: Ich sollte den Frühling verbieten lassen! Aber dann fiel ihm ein, wie sehr er den Frühling liebte und ließ es lieber bleiben.

„Ich will aber nicht die ganze Zeit bei geschlossenem Fenster in meinem Schloss hocken, nur weil meine Nase immer verrückt spielt!", murmelte er vor sich hin und schlug mit der königlichen Faust auf das Fensterbrett. Wütend blickte er hinunter in den Garten. Dort schwamm gerade der königliche Bademeister – eine Runde im Wassergraben. Dabei trug er eine merkwürdige Klammer auf der Nase.

Der König kratzte sich am Kopf und hatte plötzlich eine Idee. Wenn die Klammer verhinderte, dass Wasser in die Bademeisternase gelangte, dann konnte sie genauso gut die königliche Nase vor der kitzelnden Frühlingsluft schützen! Er sprang in die Höhe und schlug dabei die Fußsohlen aneinander. „Diener, schnell, sage dem Bademeister er soll mir eine Nasenklammer bringen!"

Brigitte Jünger

Der Apfelbaum

Ein alter Mann pflanzte im Frühling einen Apfelbaum. Im Sommer, als es heiß wurde, ging er jeden Tag hin, um ihn zu gießen. Im Herbst, als die Stürme über das Land brausten, band er ihn an einen Stecken. Im Winter, als die Waldtiere an den jungen Bäumen nagten, schützte er ihn mit einem Hag.

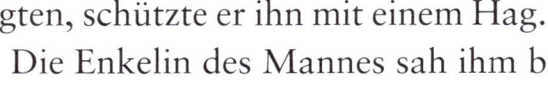

Die Enkelin des Mannes sah ihm bei der Arbeit zu und wunderte sich über ihn: „Großvater, warum gibst du dir so viel Mühe mit dem kleinen Baum? Wenn er Früchte trägt, wirst du schon lange tot sein. Dann hast du nichts von deiner Sorge und deinem Fleiß."

Da nahm der Großvater das Kind auf seinen Schoß und sagte zu ihm: „Du hast recht. Ich habe nichts mehr davon, aber die Kinder meiner Kinder. Nämlich du."

Nacherzählt von Max Bolliger

Ich bin, wie ich bin

An einem Weiher saß ein kleiner Frosch. Er tummelte sich im Wasser; fing Mücken und war vergnügt. Dann kamen drei Kinder daher.

„Schaut den hübschen Frosch", rief das erste.

„Ich finde ihn eklig", meinte das zweite.

„Er ist nützlich", meinte das dritte.

Sie wollten ihn fangen, um ihn aus der Nähe zu betrachten. Doch bevor sie ihn fassen konnten, war der kleine Frosch im Wasser verschwunden. Auf der anderen Seite des Weihers tauchte er wieder auf. Er setzte sich auf ein Seerosenblatt und rührte sich nicht.

„Was fehlt dir?", fragte ein alter Hecht, der sich unter der Wasseroberfläche an der Sonne wärmte.

Der kleine Frosch seufzte. „Bin ich hübsch? Bin ich eklig? Bin ich nützlich?", fragte er den alten Hecht.

„Du bist, wie du bist", sagte der alte Hecht.

Da hüpfte der kleine Frosch ins Wasser zurück. Er wollte sich den Kindern noch einmal zeigen.

„Ich bin, wie ich bin", rief er den Kindern zu und fühlte sich so wohl in seiner Haut wie noch nie.

Max Bolliger

Mia will wachsen

Mia nahm ihren Hasen Jimmi auf den Arm und ging hinaus in den Garten. Sie hielt Ausschau nach ihrem Bruder Jonas. Er hatte versprochen mit ihr eine Hütte zu bauen. Aber Jonas war nirgends zu sehen. Nur seine Holzschiffchen lagen wie immer in der Regentonne. Da kam Olaf, der Postbote, am Zaun vorbei und winkte Mia zu.

„Guten Morgen Mia!", rief er. „Wie geht's deinem Hasen? Es sieht so aus, als wäre er schon wieder ein Stück gewachsen."

Mia nickte mit dem Kopf und setzte Jimmi ins Gras. „Na klar ist er schon wieder gewachsen! Er hat ja schon fast keinen Platz mehr im Käfig."

Jonas saß im Birnbaum und lachte, dass man es in der ganzen Straße hören konnte.

„Jonas! Sei endlich still." Mia kniff die Augen zusammen und sah hinauf in den Birnbaum. Manchmal war ihr Bruder einfach unausstehlich. Und von Hasen hatte er wirklich keine Ahnung.

„Komm doch rauf, wenn du kannst!" Jonas wippte oben auf dem Ast mit den Beinen und lachte immer noch.

„Natürlich komm' ich rauf." Mia stapfte zum Baum und streckte die Arme in die Höhe. Bis zum untersten Ast war es noch ein gutes Stück. Sie stellte sich auf die Zehenspitzen und reckte sich so hoch es nur ging. Den Ast konnte sie aber trotzdem nicht erreichen. Mia versuchte es mit einem kleinen Sprung in die Höhe.

„Jonas, komm sofort runter! Du musst mir helfen!"

Aber Jonas dachte gar nicht daran herunter zu klettern. Stattdessen rief er: „Kleine, kleine Mia, mit den roten Socken. Kann noch nicht den Baum hinauf, muss am Boden hocken."

Mia stampfte zornig mit dem Fuß auf den Boden und schrie: „Jonas, du Scheusal, du sollst endlich still sein!" Dann heulte sie los.

Mama kam aus dem Haus gelaufen. Sie hielt ihre grüne Gießkanne in der Hand. „Fällt euch nichts besseres ein, als schon am frühen Morgen zu streiten? Los Mia, wir gießen zusammen den Rittersporn. Schau, er ist schon wieder ein Stück größer geworden."

Mia hörte auf zu weinen und blickte Mama böse an. Die Blumen wurden immer größer! Jimmi wurde immer größer! Und Jonas wurde auch immer größer! Nur sie selbst wuchs nie, sie konnte auch auf keinen Baum klettern. Sie stampfte zum allerletzten Mal mit dem Fuß auf und lief ins Haus. Und dort blieb sie und überlegte, was sich gegen das Kleinsein machen ließ.

Drei Tage hockte sie in ihrem Zimmer am Fenster und blickte hinaus in den Garten. Sie sah Mama beim Blumen-gießen zu und Jonas, wie er in der Regentonne seine Schiffe fahren ließ. Da ging Mia ein Licht auf. Es musste am Wasser liegen! Ein Glück, dass gerade eine dicke schwarze Wolke heraufzog. Keine fünf Minuten später fielen die ersten Tropfen vom Himmel. Mia lief schnell hinaus in den prasselnden Regen.

„Mia, was machst du? Komm endlich rein."

Mama und Jonas waren auf die überdachte Veranda geflüchtet. Aber Mia hüpfte zwischen den Blumenbeeten und den Bäumen umher und breitete die Arme aus, damit der Regen sie ordentlich nass machen konnte.

„Ich will wachsen!", rief sie. „Ich will endlich wachsen!"

Brigitte Jünger

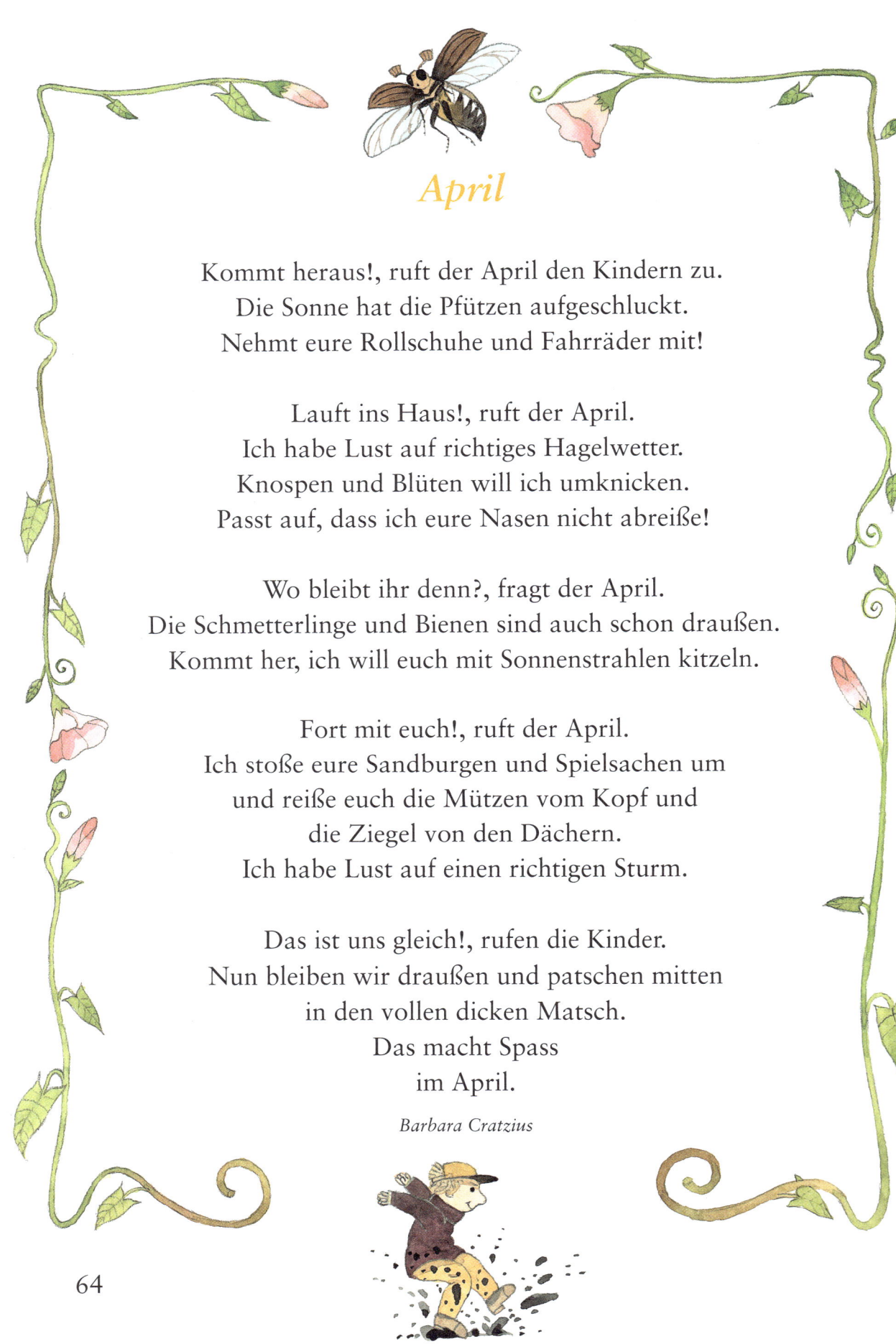

April

Kommt heraus!, ruft der April den Kindern zu.
Die Sonne hat die Pfützen aufgeschluckt.
Nehmt eure Rollschuhe und Fahrräder mit!

Lauft ins Haus!, ruft der April.
Ich habe Lust auf richtiges Hagelwetter.
Knospen und Blüten will ich umknicken.
Passt auf, dass ich eure Nasen nicht abreiße!

Wo bleibt ihr denn?, fragt der April.
Die Schmetterlinge und Bienen sind auch schon draußen.
Kommt her, ich will euch mit Sonnenstrahlen kitzeln.

Fort mit euch!, ruft der April.
Ich stoße eure Sandburgen und Spielsachen um
und reiße euch die Mützen vom Kopf und
die Ziegel von den Dächern.
Ich habe Lust auf einen richtigen Sturm.

Das ist uns gleich!, rufen die Kinder.
Nun bleiben wir draußen und patschen mitten
in den vollen dicken Matsch.
Das macht Spass
im April.

Barbara Cratzius

Der alte Griesgram und das Kätzchen

Willi Farms war ein alter Griesgram. Immer mürrisch und schlecht gelaunt. Wenn die Kinder vor seinem Haus spielten, verjagte er sie regelmäßig. „Verschwindet, macht woanders Krach!", rief er und drohte mit seinem Stock. Mit niemandem aus der Straße war er befreundet. Dabei fühlte er sich sehr allein und beneidete alle, die eine richtige Familie hatten, auch wenn sie klitzeklein war. Es war wie verhext: Weil er neidisch war, wurde er immer unfreundlicher. Und je unfreundlicher er Menschen und Tieren begegnete, um so einsamer wurde er.

Nur mit Gott sprach er immer mal wieder ein Wort. „Hast wohl den alten Willi ganz vergessen, Herr? Sind andere Leute genug da. Nicht wahr? Warum denkst du nicht mal an mich?"

Als Willi Farms eines Tages auf seiner Gartenbank saß, die Frühlingssonne ihn wärmte und er wieder Gott sein Leid klagte, spürte er plötzlich etwas Warmes, Weiches an seinem Bein. Er schaute nach unten: Da saß eine kleine Katze und schmiegte sich an ihn.

„Verschwinde, du Vieh!", sagte Willi. Doch die kleine Katze kannte den mürrischen Mann nicht und wusste gar nicht, was das bedeutete.

„Miau", antwortete sie und sah ihn mit großen Augen an.

„Na, bist wohl auch allein?" Willis Frage klang schon freundlicher.

„Miau", gab das Kätzchen zur Antwort und rieb sein Köpfchen erneut an Willis Bein. Es lief ihm hinterher, als er ins Haus ging und blieb die ganze Nacht.

Als Willi am Morgen aufstand, sprang es fröhlich um ihn herum. Der alte Mann lächelte – vielleicht das erste Mal seit vielen Jahren.

Das Kätzchen hatte Hunger, aber Willi kannte sich nicht aus mit Tieren. Wen konnte er wohl fragen?

„Nun, wenn du mir so ein kleines Tier schickst, Herr, dann hilf mir auch weiter", brummelte Willi, nahm die Katze auf den Arm und ging zum Gartentor.

Als er eine Weile so gestanden war und die Straße auf und ab geblickt hatte, kam die kleine Ina aus der Nachbarschaft auf ihrem Schulweg vorüber. Erstaunt sah sie, dass der alte Mann eine Katze auf dem Arm hielt und streichelte. Ina blieb stehen. Willi Farms gab ihr einen Wink, doch näher zu kommen. Das Mädchen war misstrauisch. Würde er mit ihr schimpfen? Sie hatte ihn doch gar nicht geärgert. Und was war mit der Katze? Der Herr Farms mochte doch keine Tiere. Was war los?

„Komm schon!", sagte Willi jetzt. „Ich will dich was fragen."

Ina trat an den Zaun. „Weißt du, was Katzen so fressen?", fragte der Mann.

„Mäuse", sagte Ina, „oder Futter aus der Dose."
Willi Farms kramte in der linken Hosentasche, zog ein
Zweieurostück hervor und drückte es dem Mädchen in
die Hand. „Bring mir Katzenfutter mit, wenn du aus der
Schule kommst."

Ina nickte und rannte davon. Am Nachmittag kam Ina
nicht allein. Fast alle Kinder der Straße liefen zu Willi
Farms Haus. Ina trug zwei Dosen Katzenfutter.

„Ich habe einen Futternapf mitgebracht", sagte Martin, der
größte Lausejunge der Straße. Er hatte dem alten Farms schon
manchen Streich gespielt.

„Hm, hm", Willi nickte und füllte den Napf mit Futter. Das kleine
Kätzchen fing sofort an zu fressen.

Die Kinder blieben noch eine Weile, erzählten, was sie alles über Tier-
pflege wussten. Erst als die Abendglocken läuteten, gingen sie nach
Hause.

Die kleine Ina, die mit ihrer Mutter allein lebte, kam nun fast jeden
Tag, um mit der Katze zu spielen. „Unser Hauswirt erlaubt keine
Tiere", sagte sie. Willi hatte nichts dagegen. Manchmal redeten sie
lange miteinander.

Eines Tages kam Ina mit einem Päckchen: „Opa Willi, die Mama hat
Kuchen mitgeschickt."

Der alte Mann sah das Mädchen groß an. „Opa" hatte sie ihn genannt.
Hatte er jetzt ein Enkelkind?

Laut sagte er: „Na, dann hol' mal deine Mutter rüber! Ich koche in
der Zwischenzeit Kaffee."

Ina flitzte über die Straße. Die kleine Katze schnurrte und räkelte sich
in der Frühlingssonne.

Dietlind Steinhöfel

Frühlingsschlager

Leonhard roch es schon durch die Tür: gedeckter Apfelkuchen. Das hieß, Mama war da.

„Ich habe es aber sehr eilig!", sagte sie sofort. Leonhard brachte den Schulranzen weg.

„Im Büro ist jede Menge los. Ich habe den anderen erklärt: Tante Martha kommt heute. Da muss ich in der Mittagspause nach Hause! Finger weg!"

„Ich wollt doch nur -"

„Der Kuchen soll nicht angegessen aussehen. Für dich habe ich Nudeln und Soße."

„Bist du nur zum Backen gekommen?"

„Nein. Auch damit du ordentlich aussiehst, wenn dich Tante Martha abholt."

„Muss ich wirklich mit?"

„Sie will sich neu einkleiden. Für dich wird vermutlich eine Hose und ein Hemd abfallen."

„Seit Papa nicht mehr bei uns ist, kommt sie ständig mit so etwas."

„Sie glaubt, dass wir knapp bei Kasse sind."

„Das waren wir mit Papa auch."

Mama legte die Sachen raus, die er anziehen sollte. Nach dem Essen mahnte die Mutter noch: „Denk' an den Abwasch! Und lass schön den Kuchen in Ruhe!" und ging. Leonhard wusch ab und machte Hausaufgaben. Zwischendurch ging er auf den Balkon. Von Tante Martha noch keine Spur.

Aber irgendwann war es so weit. Unten stand ein Taxi, davor eine kleine, dicke Frau in einem dunkelblauen Kostüm. Sie hatte noch jemanden dabei, ein schmales Mädchen mit blondem Pferdeschwanz: Biggi Sondermann. Mit der war er weitläufig verwandt. Sie trat ungeduldig von einem Bein aufs andere. „Hier wohnst du?", sagte Biggi und betrachtete verächtlich das sechsstöckige Haus mit den vielen kleinen Mietwohnungen.

„Sein Vater hat es nicht weit gebracht. Jetzt ist er noch sogar noch weggelaufen!", erklärte Tante Martha.

„Das fängt ja gut an", dachte Leonhard zähneknirschend. Aber es kam noch besser. „Warum hast du keine Jacke mit?", wollte Biggi wissen. Leonhard überlegte, ob er ein noch döoferes achtjähriges Mädchen kannte. Aber ehe er Biggi eine hübsche Antwort verpassen konnte, sagte Tante Martha: „Im Taunus-Zentrum ist alles überdacht. Außerdem wird es heute bestimmt noch schön. Laut Kalender ist es schließlich bald Frühling!"

Im Einkaufszentrum hatte der Frühling schon längst begonnen. Auf den breiten Wegen zwischen den Geschäften hockten große Stoffosterhasen vor Bäumen mit künstlichen Apfelblüten. In jedem Schaufenster gab es Osterhasen. An vielen Ecken hingen bunte Plakate mit der Aufschrift: Taunus-Zentrum-Frühlingspreise! Oder: Frühlingsschlager – unschlagbar! Und aus den Lautsprechern tönte unentwegt fröhliche Musik.

Tante Martha suchte zuerst nach einem Rock und einer Bluse. Sie hatte feste Vorstellungen. „Wie viele Röcke und Blusen wird sie zu Hause schon haben?", dachte Leonhard seufzend. Tante Martha fand nichts, was ihr gefiel. Nur ein paar sündhaft teure Schuhe, eine Hose und einen dünnen Pullover.

„Genau das Richtige für die Übergangszeit vor dem Sommer", sagte sie. Biggi war noch zickiger. „Das ist das zehnte Geschäft, in dem wir nach deiner Jeans suchen!", beklagte sich Leonhard. Ihm taten die Füße weh und der Kopf, von der plärrenden Musik und der schlechten Luft.

„Du hast vieles noch nicht gelernt", schimpfte Tante Martha, „aber eines fehlt dir besonders: Geduld!" Biggi grinste ihn spöttisch an. Leonhard lief hinter den beiden her und trug die Tüten. Es störte ihn selten, dass seine Mutter wenig Geld hatte. Aber jetzt schon. Nur wegen einer dusseligen Hose und einem Hemd musste er den ganzen

Nachmittag seiner Tante folgen. Draußen besserte sich das Wetter wirklich. Die Sonne schien. Jetzt hätte er mit seinem Freund Jörg durch den Volksgarten radeln können.

„Komm! Was schleichst du so herum?", fuhr ihn Tante Martha an. Leonhard beeilte sich. Aber das gefiel ihr auch nicht. Als sie ein großes Bekleidungsgeschäft betraten, fuhr sie ihn an:„Hast du nicht gelernt, dass man Damen den Vortritt lässt?"

Tante Martha dachte wohl: Seit sein Vater weg war, würde ihn kein Mensch mehr erziehen. In Leonhard reifte der Wunsch nach Rache.

Tante Martha suchte an den Ständern herum, nahm sich Blusen und Röcke und verschwand damit in einer der Umkleidekabinen. Biggi machte es mit einigen Jeans genauso. Bis er dran kam, konnte es noch endlos dauern. Plötzlich kam Leonhard eine Idee. Er ging in die Kabine neben der von Tante Martha. Er hörte, wie sie sich auszog. Die Trennwände reichten nicht bis auf den Boden. Wenn man wollte, konnte man hindurchkriechen. Das tat er und nahm Tante Martha sämtliche Kleidung weg. Bis auf die neue Bluse, die sie gerade übergestreift hatte. Als sie nach einem Rock greifen wollte, merkte sie, was los war.

„Meine Kleidung ist weg –", stotterte sie,„wenigstens ist die Handtasche noch da! Biggi! Leonhard!" Leonhard stand wieder vor den Kabinen.„Biggi kann dir nicht helfen. Die ist auf der entgegengesetzten Seite und probiert Jeans an!", sagte Leonhard.

„Ich komme hier nicht raus. Ich habe nichts zum Anziehen!"

„Ich bringe dir etwas!"

„Ja, aber beeil' dich! Wir müssen die Polizei holen!"

Leonhard grinste. Statt sich zu beeilen, suchte er gemütlich an den Ständern herum. Er fand etwas für sich und legte fünf Hosen und fünf Hemden an die Kasse.„Meine Tante zahlt gleich!", sagte er. Dann nahm er einen riesigen Bademantel vom Bügel und brachte ihn seiner Tante. Der Mantel breitete sich um sie herum aus wie eine Pfütze. Leonhard musste lachen. Einer Verkäuferin und einer Kundin ging es nicht anders. Tante Marthas Blick fiel in die Nachbarkabine. Dort hing alles, was sie vermisste. Dann betrachtete sie den Spalt in der Trennwand. Ihr ging ein Licht auf.„Du hast mir die Sachen weggenommen, kein Dieb!"

„Ja." Leonhard nickte.

„Das ist also der Dank!" Tante Martha war die Laune gründlich verdorben. Das bekam auch Biggi zu spüren.„Wir fahren nach Hause!", sagte sie.

„Och! Hier gibt es doch noch mehr Läden! Ich finde bestimmt, was ich brauche!"

„Wir können erst fahren, wenn wir an der Kasse waren!", sagte Leonhard.

„Wie?" Tante Martha verstand nicht.

„Mama hat gesagt, du wolltest mir etwas zum Anziehen kaufen", fuhr Leonhard fort.„Ich habe etwas an der Kasse zurücklegen lassen.

„Fünf Hosen, fünf Hemden! Das ist ja –!" Tante Martha verschlug es die Sprache.„Davon nehmen wir gar nichts!", fuhr sie die Frau an der Kasse an.„Außerdem sind die Sachen kein bisschen schön! Viel zu, viel zu – bunt!"

„Sag' deiner Mutter, ich gebe ihr Geld. Dann kann sie mit dir einkaufen gehen!", murmelte Tante Martha, als sie mit dem Taxi wieder vor Leonhards Haus standen.

„Mama hat extra einen Apfelkuchen für dich gebacken!", meinte Leonhard.

„Danke! Ich habe keinen Appetit!"

Sie und Biggi fuhren mit verbissenen Gesichtern ab.

„Hoffentlich renkt sich das mit Tante Martha wieder ein!", sagte Mama, als Leonhard alles erzählt hatte.

„Mir egal."

„Aber mir nicht!" Mama war verärgert.

Doch dann musste sie schmunzeln.

„Worüber lachst du?", fragte Leonhard.

„Geht dich nichts an."

Leonhard war sich sicher, dass sie über seinen Streich lachte. Am Küchenfenster hing ein Fensterbild, ein Osterhase. Der lachte auch.

ten Haaf

April, April

Mit dem 1. April hatte Leo eigentlich immer Ärger. Aber so schlimm wie in diesem Jahr war es noch nie.

Am Frühstückstisch sah ihn sein Vater stirnrunzelnd an:„Du, was hast du denn da für einen schwarzen Fleck auf der Stirn?"

Leo lief ins Bad und schaute in den Spiegel. Aber er konnte nichts sehen.

„April, April!", rief sein Vater und lachte. Da war Leo zum ersten Mal reingefallen.

Als er in die Schule kam, sagte sein Freund Jakob, er hätte vergessen das lange Gedicht über den Frühling auswendig zu lernen.

„Hatten wir das denn auf?", fragte Leo. Jakob nickte.

Komisch, Leo konnte sich an nichts erinnern. Er holte sein Buch heraus und versuchte, vor dem Klingeln wenigstens noch die erste Strophe zu lernen. Aber die Lehrerin fragte überhaupt nicht nach dem

Gedicht. Jakob grinste Leo an und flüsterte: „April, April!" Da war
Leo zum zweiten Mal reingefallen. Er ärgerte sich. Am besten wäre es,
er würde selbst Aprilscherze ausprobieren.

Leo sagte zu Tina, dass sie ein Loch im Strumpf hätte.
Aber die tippte sich nur mit dem Finger an die Stirn.
Leo sagte zu Martin, dass er einen schwarzen
Fleck auf der Nase hätte. Aber der lachte: „Mich
legst du nicht rein!" Leo fand, dass es ein blöder
Tag war. Er wollte nichts mehr mit April-
scherzen zu tun haben. Ein paarmal versuchten
es die anderen noch bei ihm mit Löchern im
Strumpf und einmal mit einem Fleck auf der Hose.
Aber Leo zeigte ihnen einen Vogel. Er ließ sich nicht
mehr auf Aprilscherze ein.

Nach dem Mittagessen schickte seine Mutter ihn in den Keller,
er sollte die Erdbeertorte heraufholen.

„Wieso hast du sie im Keller?", fragte Leo.

„Damit sie schneller abkühlt."

Leo nahm den Kellerschlüssel. Er suchte lange, aber er konnte die
Torte nicht finden. Als er aus dem Keller kam, lachte seine
Mutter: „Erdbeertorte im April! April, April!"

Sie fand das wohl sehr komisch. Da war Leo zum dritten Mal reingefallen.

Er ging in sein Zimmer und dachte nach. Er musste irgend etwas
Besonderes finden. Als seine Mutter zum Einkaufen weg war, hatte
er endlich eine Idee.

Beim Abendessen saß er seinen Eltern schweigsam gegenüber.

„Bist du mir böse wegen der Erdbeertorte?", fragte die Mutter.

Leo schüttelte den Kopf.

„Was ist denn los?", fragte der Vater.

„Ich habe Angst, dass ihr mir böse seid."

„Warum denn?"

„Ich wollte etwas Gutes tun …", stotterte Leo.

„Das ist doch ganz in Ordnung", sagte der Vater.

„Was hast du denn getan?", fragte die Mutter.

„Ich habe von jedem von uns den Lieblingspullover in die Kleider-sammlung getan", sagte Leo. Die großen Plastiksäcke mit Altpapier und Kleidern fürs Rote Kreuz standen tatsächlich den ganzen Tag unten vor der Tür. Leos Eltern rasten die Treppen hinunter. Aber die Sachen waren schon abgeholt.

Als sie in die Küche zurück-kamen, schlug Leos Vater mit der Hand auf den Tisch. Er war wütend. Leos Mutter schüttelte den Kopf: „Es ist doch nicht zu glauben!"

„April, April!", sagte Leo leise und versuchte zu grinsen.

„Was sagst du?"

„April, April!"

„Ach so …", Leos Mutter seufzte erleichtert. Leos Vater brummte: „Du Spinner!"

Sehr komisch fanden sie es beide nicht.

Mit Aprilscherzen hatte Leo wirklich kein Glück.

Rosemarie Künzler-Behncke

Der Lenz ist da

Roller aus dem Keller,
Katze aus dem Haus,
Blüten aus den Knospen,
alles kommt heraus.

Kinder aus den Stuben,
Küken aus dem Ei,
Vögel aus dem Süden
sind auch bald dabei.

Alfons Schweiggert

Kapitel 4

Von Palmsonntag bis Ostern

Palmsonntag

Das Eselein, das Eselein,
mit Ohren lang und Hufen klein,
das trug den Herrn zur Stadt hinein
am Palmentag.

Volksgut

Der Palmesel

Es war Palmsonntag. Alle waren schon aufgestanden, die Mama, die Laura und der Florian. Nur der Papa schlief noch. Da klingelte im Schlafzimmer der Wecker. Aber Papa erschien immer noch nicht.

Jetzt schlich der Florian zur Schlafzimmertür und öffnete sie. Er schaute zum Bett, in dem Papa lag.

„Willst du heute gar nicht aufstehen?", rief Florian.

„I-aa-aa", gähnte der Papa müde und fuhr sich mit den Händen durch seine zerstrubbelten Haare.

„Du bist der Letzte, der heute, am Palmsonntag, aus den Federn kommt", rief Florian.

„I-aa-aa", gähnte der Papa und schnaubte die Luft durch seine Nasenlöcher.

„Was möchtest du denn zum Frühstück?", fragte Florian.

„I-aa-aa", gähnte der Papa und kratzte sich hinter seinen langen Ohren. Da machte Florian die Tür zu und ging zur Mutter in die Küche.

„Papa kommt gleich", verkündete Florian. Er ging in den Garten und rupfte etwas Gras von der Wiese. Das legte er auf Papas Frühstücksteller und füllte die Tasse mit Wasser voll.

„Was machst du denn da?", fragte Laura entsetzt.

„Stör mich nicht", brummte Florian, „wenn ich für unseren Pa-Pa-Palmesel das Frühstück herrichte."

Die Tür öffnete sich und Papa erschien.

„I-aa-aa", gähnten Florian und die Mutter und Laura rief: „Guten Morgen, Pa-Pa-Palmesel!"

Alfons Schweiggert

Palmsonntag

Als Florian mit seinen Eltern am Palmsonntag zur Messe will, wundert er sich. Vor der Kirchentür stehen alle Menschen im Halbkreis um einen kleinen Tisch herum und warten. Auf dem Tisch steht zwischen zwei brennenden Kerzen ein großer Korb mit grünen Zweigen. Zwei Messdiener in langen Kleidern stehen daneben und schauen den Pfarrer, der heute ein rotes Gewand trägt, erwartungsvoll an.

Die Leute machen Florian ein wenig Platz, so dass er gleich in die vorderste Reihe kommen und alles sehen kann.

Jetzt winkt der Pfarrer den Messdienern zu, und sie beginnen, die Zweige aus dem Korb an alle Leute zu verteilen. Florian erhält einen großen grünen Zweig, den er ganz vorsichtig in seiner Hand hält.

Als alle Leute die Zweige erhalten haben, geht der Pfarrer herum und bespritzt die Zweige mit geweihtem Wasser. Florian bekommt sogar einen Spritzer mitten ins Gesicht, so dass er ein bisschen lachen muss.

Jetzt spricht der Pfarrer. „Als Jesus in Jerusalem einzog, haben ihm die Leute zugejubelt", sagt er. „Sie hatten grüne Palmzweige in ihren Händen und winkten ihm zu. Sie begrüßten ihn so, wie man einen König begrüßt. Wir haben heute auch grüne Zweige in unseren Händen, weil wir unseren König grüßen wollen. Und unser König heißt Jesus Christus!"

Darauf stimmt der Pfarrer ein Lied an und alle Leute singen laut mit. Die beiden Messdiener nehmen die Kerzen und öffnen die Kirchentür und gemeinsam ziehen alle mit den grünen Zweigen in ihren Händen und mit Gesang in die Kirche ein.

Der Vater fasst Florian an der Hand, so dass er sich neben ihn in die Kirchenbank setzen kann. Dann beginnt die Messe.

Um den Altar herum sitzen einige ältere Kinder. Jedes Kind hat einen Zettel in der Hand. Als der Pfarrer ihnen zunickt, lesen sie nacheinander vor, was auf ihren Zetteln aufgeschrieben ist. Es ist ein Kapitel aus der Bibel, die Geschichte vom Einzug Jesu in Jerusalem. Aber sie lesen auch vor, dass Jesus verraten und gefangen genommen wurde, dass er verspottet und geschlagen und schließlich an das Kreuz geschlagen wurde. Sie lesen vor, dass Jesus an diesem Kreuz gestorben ist und dass seine Freunde alle sehr traurig waren.

Florian schaut sich in der Kirche um. Die Menschen haben ihre Köpfe gesenkt. Sie hören zu und denken an Jesus, der so viel hat erleben müssen. Es ist ganz still in der Kirche, als die Kinder ihr Vorlesen beendet haben.

Dann spricht der Pfarrer. Er sagt: „Jesus ist am Kreuz gestorben. Aber wir dürfen froh sein, weil Jesus stärker ist als der Tod. Sie haben ihn vom Kreuz herunter genommen und in ein Grab gelegt. Das war vor Ostern. Aber dann ist er vom Tod auferstanden. Er hat den Tod besiegt!"

Florian blickt auf den grünen Zweig, den er in seiner Hand hält. Draußen ist es noch kalt. Aber der Zweig in seiner Hand macht deutlich, dass alles wieder zu leben beginnt. Er streichelt ganz vorsichtig die zarten Blätter und fühlt, dass er nicht mehr traurig ist. Ja, Jesus hat den Tod besiegt, und am nächsten Sonntag ist Ostern.

Von Ostern und von der Auferstehung erzählt auch das Lied, das jetzt alle zusammen singen. Florian hat es schon einmal gehört. Er blickt zu seinen Eltern auf, die laut mitsingen und freut sich.

Als sie später nach Hause gehen, trägt Florian auch die grünen Zweige seiner Eltern. „Wir haben doch die schöne Glasvase", sagt er. „Ich fülle sie mit Wasser und stelle dann die grünen Zweige hinein.

Rolf Krenzer

80

Die Leidensgeschichte Jesu

Die Hohenpriester und die Pharisäer waren wütend, als sie hörten, dass Jesus vor dem Volk verkündete: Ich bin Gottes Sohn.

Die Hohenpriester und die Pharisäer waren wütend, als sie hörten, dass Jesus Wunder vollbrachte. Sie meinten: Es ist ein Trick dabei. Das ist Zauberei!

Viele von ihnen waren kluge Menschen. Vom Teufel verführt waren sie aber wie blind. Sie wollten die Wahrheit nicht sehen. Im Leben ist es sehr oft so. Manchmal wollen wir die Wahrheit nicht sehen, weil sie uns nicht passt.

Die Hohenpriester und die Pharisäer waren wütend, dass die Menschen Jesus folgten. Dass sie sich von seinen Jüngern taufen ließen: Im Namen Gottes und des Heiligen Geistes.

Sie fürchteten um ihre Macht und ihren Einfluss. Aber sie hatten Angst vor dem Volk. Sie konnten Jesus verhaften lassen. Der Hohe Rat der Juden hatte viel Macht. Aber Todesurteile konnten sie nicht fällen, weil die Römer das Land regierten.

Sie wussten auch nicht, wo sie Jesus finden könnten. Einmal war er hier, einmal dort. Aber sie fanden Judas, einen der Jünger Jesu. Sie sagten zu ihm: „Du bist in die Fänge eines Betrügers geraten, du armer Judas. Das kann dich sehr teuer zu stehen kommen. Aber du bist ein netter Kerl. Wir werden dir aus der Patsche helfen. Wenn du uns auch hilfst."

Judas bekam Angst und fragte: „Wie kann ich euch helfen?"

„Wir wollen nicht viel. Wenn wir römische Soldaten zu dir schicken, bist du bereit ihnen zu zeigen, wo Jesus sich gerade aufhält?"

Judas fragte: „Was kriege ich dafür?"

Er war ein armer Mann, der nie Geld in seinem Leben gehabt hatte. Er folgte Jesus nicht, weil er an ihn richtig glaubte, sondern weil es bei ihm immer etwas zu essen gab.

„Wie wäre es mit 30 silbernen Münzen?"

Judas hatte nie 30 silberne Münzen in seinen Taschen gehabt. Nie 30 silberne Münzen in seiner Hand gesehen. Er strahlte und nickte: „Für 30 silberne Münzen werde ich den römischen Soldaten zeigen, wo sich Jesus aufhält."

Die Pharisäer und die Hohenpriester rieben sich die Hände. „Bravo, Judas, bravo. Das werden wir dir nie vergessen." Endlich hatten sie einen Verräter gefunden.

Sie gingen sofort zu dem römischen Statthalter Pontius Pilatus und erzählten: „Ein Gauner Namens Jesus bereitet einen Aufstand gegen euch Römer vor. Das dumme Volk folgt ihm, weil er gut reden und zaubern kann. Lass ihn verhaften. Verurteile ihn zum Tode, großer römischer Statthalter! Es ist noch Zeit! Morgen wird es zu spät sein. Das Volk ist im Aufruhr! Wir sind die ersten Priester dieses Volkes und wissen es. Er behauptet, er sei Sohn Gottes und König Israels. Hörst du, Römer?! König Israels! Wenn Israel einen König hat, warum sollte das Volk euch Römer dulden? Bald wird keiner bereit sein, die Steuern zu bezahlen. Dieser Mann, Pontius Pilatus, gefährdet deine Macht!"

Alle angesehenen Leute, die Hochgelehrten, die Hohenpriester, die Pharisäer standen vor dem römischen Statthalter. Er musste ihnen glauben. Er überlegte und fragte: „Wo finde ich diesen Jesus?"

„Heute Abend wird er mit drei von seinen Jüngern im Garten Getsemani sein. Er will dort beten."

„Ihr verlangt, dass ich einen Menschen beim Beten verhaften lasse? Es gefällt mir nicht, es gefällt mir nicht." Pontius Pilatus schüttelte ärgerlich sein Kopf.

„Nur wenn er betet ist er allein. Sonst ist er ständig von vielen Menschen umgeben. Sollen wir weiter zulassen, dass ein falscher Prophet das Volk aufrührt? Er behauptet, er sei Sohn Gottes. Wenn wir ihn nicht schwer dafür bestrafen, dann werden morgen Hunderte behaupten, sie seien Gottes Söhne. Was dann? Pontius Pilatus, das ist dann das Ende unserer Religion. Es ist Gotteslästerung in schlimmster Form. Wir müssen ihn kreuzigen!"

„Wie werden ihn meine Soldaten erkennen?"

„Wir haben einen seiner Jünger überredet, ihn euch zu zeigen."

In dieser Zeit bereitete sich Jesus auf seine letzten Tage auf der Erde vor. Er wusste was ihm bevorstand. Traurig sagte er zu seinen Jüngern: „In zwei Tagen beginnt das Paschafest. Dann werde ich verhaftet. Ich werde viel leiden. Davor habe ich Angst, wie jeder Mensch. Mein Leidensweg wird mit meiner Kreuzigung enden. Nach drei Tagen werde ich auferstehen und zu meinem Vater in den Himmel kommen."

Petrus rief ergriffen: „Herr, beten wir zu deinem Vater im Himmel! Er soll dir deinen Leidensweg ersparen."

„Nicht mein, sein Wille soll geschehen", antwortete Jesus.

„Warum musst du leiden?"

„Um zu erfahren was Leiden ist, um die Menschen besser zu verstehen. Leiden gehört zum Leben. Petrus, Gottes Wege sind oft unerklärlich."

„Herr, ich werde dir beistehen. Ich werde immer neben dir sein."

„Du wirst auch Angst haben, Petrus. Noch in dieser Nacht, bevor der Hahn morgen früh kräht, wirst du dreimal sagen, du kennst mich gar nicht."

„Niemals, Herr, niemals! Lieber werde ich mit dir zusammen sterben."

Jetzt schickte Pontius Pilatus Soldaten mit den Hohenpriestern und Gelehrten in den Garten Getsemani, wo sich Jesus aufhielt. Jesus betete im Garten Getsemani zusammen mit Petrus, Jakobus und Johannes. Er wusste, was bald geschehen würde. Er hatte Angst, weil er jetzt ein richtiger Mensch war. Ein Mensch aus Fleisch und Blut, der Schmerz empfinden konnte. Petrus, Jakobus und Johannes waren müde und schliefen bald ein.

„Es ist so weit!", rüttelte sie Jesus. „Wacht auf! Sie kommen, um mich zu verhaften."

Sie kamen wirklich. Eine ganz aufgebrachte Horde, mit Judas an der Spitze.

„Da ist mein Herr!", sagte er, umarmte Jesus und küsste ihn.

„Judas", fragte Jesus, „musst du mich mit einem Kuss verraten?"

84

Römische Soldaten umringten Jesus. „Jesus von Nazaret, du bist verhaftet!"

Petrus, der wach wurde sprang auf, zog sein Schwert und rief: „Laufe weg, Jesus!"

Er schlug auf einen der Römer ein. Ein blutendes Ohr fiel in das Gras. Jesus bückte sich, nahm das Ohr und setzte es zurück auf die Wunde. Und die Wunde heilte in diesem Augenblick, so als ob nichts geschehen wäre.

„Petrus", sagte Jesus, „steck dein Schwert in die Scheide. Wer sein Schwert erhebt, wird vom Schwert sterben."

„Ich will dich schützen, Herr!"

„Ich muss nur zu meinem Vater im Himmel beten und tausende Engel werden mich beschützen. Ich will aber nicht beschützt werden."

Dann sagte er: „Ich bin bereit. Das, was geschehen muss, soll geschehen."

Petrus warf sein Schwert weg und versteckte sich in der Menge. Die Soldaten suchten nach ihm. Einer glaubte ihn erkannt zu haben und fragte: „Bist du nicht einer von Jesus Jüngern?"

„Ich? Wer ist dieser Jesus, ich kenne ihm nicht?"

Der Soldat ging weg. Aber es kam ein zweiter Soldat: „Zeig deine Hände! Wo ist dein Schwert? Du bist einer der Jünger Jesu!"

„Wer ist dieser Jesus? Ich kenne ihn nicht. Wie kommst du darauf, einen Unschuldigen zu beschuldigen?"

„Was machst du dann hier?"

„Ich bin hinter euch her gelaufen, weil ich etwas sehen wollte."

Der zweite Soldat ging auch weg. Dann kam aber ein dritter Soldat und stürzte sich auf Petrus.

„Ich habe dich erkannt! Du bist einer von Jesus Jüngern! Du bist dieser, der mir mein Ohr abgeschnitten hat!"

„Deine Ohren sind aber heil, Soldat. Du hast sicher geträumt. Fass dich am Kopf und du wirst es feststellen, deine beiden Ohren sind an ihrem Platz. Wie kannst du mich dann beschuldigen, ich hätte dir ein

Ohr abgeschnitten? Oder hat vielleicht dieser falsche Prophet ein Wunder vollbracht? Übrigens merke es dir: Ich kenne diesen Jesus von Nazaret überhaupt nicht."

Petrus hatte gerade den Satz ausgesprochen, da krähte ein Hahn. Ein neuer Tag brach an. Petrus erinnerte sich an Jesus Worte, setzte sich auf einen Stein und begann zu weinen: „Ich habe meinen Herrn verleugnet, genauso wie er es vorausgesehen hat."

Die römischen Soldaten brachten Jesus vor den höchsten jüdischen Priester Kajaphas und den Hohen Rat der Juden. Man wollte ihn verhören. Es kamen bestochene falsche Zeugen. Zwei Männer schworen, er hätte in ihrer Gegenwart gesagt, er könne den Tempel mit einer Handbewegung zerstören und dann in drei Tagen wieder aufbauen.

„Was sagst du dazu?", fragte Kajaphas.

Jesus schwieg.

„Bist du der Messias, der Sohn Gottes?"

„Du hast es gesagt. Ich bin der Messias, der Sohn Gottes!"

„Das reicht!", rief Kajaphas. „Kein lebendiger Mensch kann Gottes Sohn sein. Das ist Gotteslästerung und auf Gotteslästerung steht die Todesstrafe."

Alle nickten zustimmend.

Jetzt wurde Jesus gefesselt. Seine Augen wurden verbunden. Die Mitglieder des Hohen Rats der Juden schlugen ihn blutig, verhöhnten und bespuckten ihn.

„Wenn du Sohn Gottes bist, warum blutest du? Warum tut dir Prügel weh? Rette dich! Werde ein Geist! Mach ein Wunder!"

Den Tag danach brachten sie ihn zu dem römischen Stadthalter Pontius Pilatus.

„Hier ist der Gauner, Pontius Pilatus, der sich als Gottes Sohn ausgibt und Gotteslästerung begangen hat und auch einen Aufstand gegen euch, Römer, vorbereitet."

Pontius Pilatus begann Jesus zu verhören. Aber sehr bald zweifelte er an Jesus Schuld.

„Ich sehe nicht ein, warum ich diesen Mann verurteilen sollte?"
Eine große Menschenmenge, von den Hohepriestern bestochen,
sammelte sich in dieser Zeit vor seinem Palast. Immer lauter wurden
die Rufe: „Töte Jesus, kreuzige ihn!"

Als Pontius Pilatus auf den Balkon kam, erzitterte der ganze Platz
unter den Rufen. Pilatus ließ Wasser bringen. Er wusch sich vor allen
Leuten die Hände und rief: „Ich bin unschuldig am Blut dieses Menschen. Meine Hände sind sauber. Sein Tod ist eure Sache!"

Da rief das ganze Volk: „Sein Blut soll über uns und unsere Kinder
kommen!"

Jesus hörte die Worte und hob seine Hände zum Himmel: „Vater, ver-
zeihe es ihnen. Sie wissen nicht, was sie tun!"

In dieser Zeit war es Sitte, einen zu Tode verurteilten Menschen für das
große jüdische Paschafest frei zu lassen. Es gab noch einen zum Tode
Verurteilten, der auf seine Hinrichtung wartete – ein berüchtigter Mörder, Räuber und Schläger mit Namen Barabbas. Pilatus kam wieder auf
den Balkon seines Palasts und fragte die Menge: „Für das Paschafest, –
wen soll ich freilassen – Jesus den Nazarener oder Barabbas?"

„Barabbas! Barabbas!"

„Warum nicht Jesus?"

„Ans Kreuz mit ihm! Ans Kreuz mit ihm!"

Jetzt überließ Pontius Pilatus Jesus seinen Soldaten.

„Kreuzigt ihn!"

Die Soldaten schleppten Jesus in das Amtsgebäude des römischen
Statthalters. Dort spielten sie ein böses Spiel mit ihm. Sie zogen ihn
aus und legten ihm einen purpurroten Mantel um – der Mantel des
Todes. Zum Spott flochten sie einen Kranz aus Dornen: „Hier, König
der Juden, hast du deine Krone!" Sie gaben ihm einen Stock und lachten: „Und das ist dein Herrscherstab, König der Juden."

Sie bespuckten ihn und schlugen ihn. Nach Stunden der Qual zogen sie
ihm wieder seine Kleidung an. Jetzt brachten sie ein großes hölzernes
Kreuz und legten es auf seine Schultern: „An ihm wirst du hängen.

Aber zuerst musst du es bis Golgota, die Schädelhöhe, tragen. Du musst dich anstrengen, König der Juden."

Eine Kohorte römischer Soldaten und eine böse, jodelnde Menge begleitete Jesus auf dem schweren Weg zur Schädelhöhe, wo täglich Mörder und Räuber hingerichtet wurden. Die Sonne schien erbarmungslos. Der Weg war steinig und das Kreuz war schwer. Jesus stolperte und fiel. Die Dornenkrone tat ihm weh. Blut lief über sein Gesicht. Aber er erduldete wortlos alles. Bald hatte er keine Kräfte mehr. Die Menge rief: „Sohn Gottes, warum kommt kein Engel, um dein Kreuz zu tragen?"

Jesus hielt inne. Er stolperte, er konnte nicht weiter. Ein Mann Namens Simon kam dem Zug entgegen. Die Soldaten hielten in an: „Du! Bist du bereit, diesem Schwächling sein Kreuz zu tragen. Er muss heute sterben."

„Ich bin bereit", nickte Simon und nahm das Kreuz auf seine Schulter. „Danke!", sagte Jesus.

Auf dem Gipfel der Schädelhöhe angekommen, ließen die Soldaten Jesus auf das Kreuz legen. Sie zogen ihn aus und warfen zwischen sich das Los, wer von ihnen welches Kleidungsstück von ihm als Beute bekommen sollte. Jetzt nagelten die Soldaten den nackten Jesus ans Kreuz. Blut floss aus seinen Wunden. Über seinem Kopf befestigten sie eine Tafel mit der Aufschrift: „Das ist Jesus, der König der Juden". Sie gaben ihm Wein gemischt mit Myrrhe zu trinken, um ihn zu betäuben. Jesus versuchte es und lehnte es ab. Die Menge jubelte, als sie das Kreuz aufrichteten und das zwischen zwei Räubern, die unter der strahlenden Sonne auch am Kreuze hingen und auf ihren Tod warteten. Einer der Räuber begann Jesus zu verhöhnen.

Der zweite verteidigte ihn: „Dieser Mann ist unschuldig!" Jesus versprach ihm: „Noch heute wirst du mit mir im Paradies sein!"

Die Menschen riefen aus der Menge: „Wenn du Sohn Gottes bist, hilf dir doch! Steig herab vom Kreuz!" Und sie lachten.

Die Hohenpriester, die Schriftgelehrten und Ältesten kamen: „Du hast angeblich Wunder vollbracht, aber dir selbst kannst du nicht helfen.

Steig vom Kreuz herab, dann werden wir dir glauben! Du hast doch gesagt, du bist Sohn Gottes! Wir hatten Recht. Du bist nicht Gottes Sohn!"

Jesus richtete seinen Blick zum Himmel: „Vater, vergib ihnen, denn sie wissen nicht, was sie tun!"

Jetzt auf einmal verdunkelte sich der Himmel über Golgota. Finsternis legte sich auf das ganze Land. War es ein Gotteszeichen oder kündete sich ein Gewitter an? Es war Mittagszeit. Viele wollten hier nicht warten und liefen weg. Aber die Finsternis lag auf dem ganzen Land. Die Stunden vergingen. Stunden der Qual. Es war um drei Uhr nachmittags als Jesus, seinen Blick zum Himmel gerichtet, rief: „Eli, Eli, warum hast du mich verlassen?" Elija ist das hebräische Wort für Gott. Ein Soldat, der seinen Schrei hörte, tauchte einen Schwamm in Essig, steckte ihn auf seinen Speer und gab Jesus zu trinken. Jesus schrie noch einmal und senkte seinen Kopf.

Er war tot.

In diesem Augenblick riss der Vorhang im Tempel von oben bis unten in zwei Teile.

Die Erde bebte. Felsen spalteten sich. Gräber öffneten sich und viele tote Heilige kamen lebendig heraus. Der Hauptmann der römischen Kohorte fiel auf die Knie, zusammen mit seinen Soldaten. „Er war doch der Sohn Gottes!"

Ein reicher Mann namens Josef kam gegen Abend. Er hatte die Erlaubnis, Jesus Körper zu begraben. In einen Felsen ließ er ein Grab hauen. Dort hinein legte er den leblosen Körper, in ein reines Leinentuch eingewickelt. Dieses Tuch gibt es bis heute noch – eine wichtige Reliquie unserer Kirche. Mit mehreren Menschen wälzte er einen großen Stein vor den Eingang des Grabes und ging weg. Die Römer hatten sofort dort Wachen aufgestellt: das verlangten die Hohenpriester. Der Befehl lautete: „Bewacht, dieses Grab Tag und Nacht. Der Schwindler hat behauptet, nach drei Tagen werde er auferstehen. Er hat viele Anhänger. Sie werden sicher versuchen, seinen Leichnam zu stehlen, um später

behaupten zu können, er sei auferstanden. Ihr seid für seinen Leichnam verantwortlich. Bewacht das Grab wie euren Augapfel."

Die Soldaten standen rund um die Uhr am Grab. Ihnen war es aber mulmig. Weil sie das Erdbeben und die Finsternis erlebt hatten.

Am dritten Tag nach dem Begräbnis kamen Maria aus Magdala und eine andere Maria bei Morgendämmerung, um nach dem Grab zu sehen. Plötzlich bebte die Erde. Wie ein Blitz kam ein Engel vom Himmel. Seine Gestalt leuchtete. Sein Gewand war weiß wie Schnee. Er wälzte mit einem Finger den Stein, der das Grab versperrte weg und setzte sich darauf. Die römischen Soldaten warfen sich zitternd vor Angst auf den Boden.

Der Engel sagte zu den Frauen: „Fürchtet euch nicht. Ich weiß, ihr sucht Jesus, den Gekreuzigten. Er ist aber nicht hier. Er ist, wie er gesagt hat, auferstanden! Kommt her und seht euch die Stelle an, wo er lag!"

Jetzt hoben auch die römischen Soldaten ihre Köpfe und sahen: Das Grab war leer. Nur das Leinentuch lag noch da. Die Frauen nahmen es mit.

„Gehet", sagte der Engel zu den Frauen, „und verkündet überall die frohe Nachricht: Er ist von den Toten auferstanden! Er geht euch voraus nach Galiläa. Dort werdet ihr ihn sehen!"

Jetzt ging die frohe Nachricht um die Welt: Er ist von den Toten auferstanden!

Er ist von den Toten auferstanden. Und die ganze Welt feierte und freute sich. So ist es bis heute.

Dimiter Inkiow

Die Osternacht

Markus geht mit seinen Eltern am Samstagabend vor Ostern in die Kirche. Das ist etwas ganz Besonderes, denn die Feier der Osternacht beginnt erst dann, wenn es ganz dunkel ist.

Vor der Kirche wird das Feuer angezündet. Viele Leute stehen da und sehen zu, wie das Feuer brennt. Sie sind ganz still.

Jetzt tritt der Pfarrer aus der Kirche. Er trägt eine dicke Kerze in der Hand. Das ist die Osterkerze. Aber die Kerze brennt noch nicht. Sie wird nun am Osterfeuer angezündet.

Die Kirche ist ganz dunkel. Es brennt kein einziges Licht. Der Pfarrer geht mit der brennenden Osterkerze in die dunkle Kirche hinein. Langsam gehen die Leute hinter ihm her. Auch das Osterfeuer wird in die dunkle Kirche hineingetragen. Alle Leute tragen eine Kerze in der Hand. Doch keine Kerze brennt. Nur die Osterkerze, die der Pfarrer in seiner Hand hält, leuchtet. Der Pfarrer geht langsam durch die Kirche. Er bleibt immer wieder stehen und sagt: „Christus, das Licht!" Er zündet eine Kerze nach der anderen mit dem Osterlicht an. Immer mehr Kerzen brennen. Jetzt brennen alle Kerzen. Da beginnt die Messe. Seit Gründonnerstag hat die Orgel nicht mehr gespielt. Seit Gründonnerstag haben die Kirchenglocken nicht mehr geläutet. Jetzt hat der Pfarrer das Taufwasser geweiht. Jetzt flammt das elektrische Licht in der Kirche auf. Es wird hell. Überall ist es hell. Jetzt beginnt auch die Orgel wieder zu spielen. Alle Leute singen. Die Glocken läuten. Draußen ist es dunkel. Doch hier in der Kirche ist es hell und warm. Jetzt beginnt Ostern.

Rolf Krenzer

Ostern

Ostern, Ostern, Auferstehn.
Lind und leis die Lüfte wehn.
Hell und froh die Glocken schallen:
Osterglück den Menschen allen!

Volksgut

Er lebt

Ich sag es jedem, dass er lebt
und auferstanden ist,
dass er in unserer Mitte schwebt
und ewig bei uns ist.

Novalis

Das neue Leben

Katharina war eine Königstochter im Ägypterland. Sie lebte vor langer, langer Zeit in der Stadt Alexandria. Damals herrschte dort der Kaiser von Rom. Er hieß Maxentius und war der mächtigste Mensch auf der ganzen Erde. Eines Tages besuchte er seine Stadt Alexandria. Er ließ Katharina zu sich kommen. Sie sollte ihm von Jesus erzählen. Er hatte nämlich erfahren, dass sie eine Christin war.

Katharina kannte viele Jesusgeschichten. Der Kaiser hörte gespannt zu. Ihm gefiel das, was Jesus unter den Menschen getan hatte. Alle seine Ratgeber wunderten sich darüber. Der Kaiser hatte nämlich die Christen verfolgt. Viele waren auf seinen Befehl getötet worden.

Katharina erzählte vom Leben Jesu, von seinem Sterben und schließlich auch, dass er von den Toten auferstanden ist. „Von den Toten auferstanden?", fragte der Kaiser verblüfft.

Katharina nickte. Da lachte der Kaiser laut auf und rief: „Das will ich dir nur glauben, wenn du aus einem Stein neues Leben erwecken kannst."

Katharina ging betrübt davon. Aber dann kam ihr ein Gedanke. Sie kaufte von einem Bauern ein beinahe ausgebrütetes Entenei. Damit ging sie am nächsten Tag zum Kaiser.

„Na, willst du es versuchen?", spottete der.

Sie hielt ihm das Ei entgegen. Die junge Ente riss einen Spalt in die Schale. Der Kaiser schaute geduldig zu, wie das kleine Tier sich aus dem Ei befreite. Der Spott wich aus seinem Gesicht.

„Scheinbar tot", sagte Katharina. „Scheinbar tot und doch Leben." Es heißt, dass der Kaiser sehr nachdenklich geworden ist.

So ist das Ei zum Osterei geworden, ein Zeichen für das, was kein Mensch begreifen kann: Christus ist auferstanden. Wahr und wahrhaftig, er ist auferstanden.

Willi Fährmann

Tino sucht den lieben Gott

Tino liest ein Buch. In dem Buch steht: Gott ist überall. Tino legt das Buch weg und zieht seine Schuhe an.

Tina fragt: „Wohin gehst du, Tino?"

„Ich gehe den lieben Gott suchen", sagt Tino.

„Oh", sagt Tina. „Den lieben Gott kann man doch nicht sehen."

„Ich werde überall schauen", sagt Tino. Er läuft in den Garten hinaus. Hier blühen Stiefmütterchen in einem runden Beet. Tino steht ganz still und schaut. Die Stiefmütterchen haben kleine, freundliche Gesichter. Keines gleicht dem anderen, jedes ist schön. Tino schaut und wartet, aber er sieht nur Stiefmütterchen.

„Ich werde anderswo weitersuchen", sagt Tino.

Da rührt sich etwas im Blumenbeet. Es huscht heimlich hin und her. Tino beugt sich vor. Eine kleine Maus schaut zwischen den Stiefmütterchen hervor. Ihr Schnurrbart zittert, ihr braunes Fell schimmert wie Seide. Tino freut sich.

Die Maus verschwindet im Gras. An den zarten Graswellen kann Tino erkennen, wohin die Maus rennt. Er rennt ihr nach. Die Maus huscht zwischen den Zaunlatten in den Nachbargarten. Tino findet eine große Lücke im Zaun und kriecht durch. Der Nachbar schneidet Holz. Mit der einen Hand hält er die Säge. Aber die Säge ist für zwei gemacht, nicht für einen.

„Ich hätte schon immer gern gesägt", sagt Tino. „Darf ich mitsägen?"

Später geht Tino nach Hause. Er ist müde und zufrieden.

„Na?", fragt Tina. „Hast du den lieben Gott gefunden?"

„Ich weiß nicht", sagt Tino. „Aber morgen gehe ich ihn wieder suchen."

Lene Mayer-Skumanz

Die singende Quelle

In einem fernen Land lebte eine Königstochter, die war reich und mächtig und schön von Gestalt. Doch ihre Augensterne waren stumpf und ohne Glanz. Die schöne Königstochter war blind. Ihre Eltern hatten viele Ärzte kommen lassen, die ihre Kunst an dem Mädchen probiert hatten, doch all ihre Bemühungen waren ohne Erfolg geblieben.

Da kam ein junger Kaufmann, der weit in fremde Länder gereist war. Er begehrte, ohne Säumen zum König geführt zu werden, und als er sagte, er habe Hoffnung, wie die Königstochter von ihrer Blindheit geheilt werden könnte, ließen die Wachen ihn eintreten.

Er erzählte, im Land Judäa ziehe ein Meister umher, der alle Krankheiten zu heilen verstehe. Da bat die blinde Königstochter, sie zu

diesem Heiland zu führen. Schon am nächsten Tag brachen die beiden auf. Die Fahrt war weit, mussten sie doch das Meer überqueren. Doch die Winde standen günstig und trieben das Schiff munter voran. Als sie im Lande Judäa angelangt waren, erkundigten sie sich, wo der Heiland zu finden sei. Die Leute erwiderten: „Sucht ihn in Jerusalem. Ihr müsst eilen. Sonst findet ihr ihn nicht mehr."

Sie wollten sich gleich auf den Weg machen. Doch ein hoher Festtag, der in jenem Land begangen wurde, verbot, dass sie weiter reisten, und so mussten sie warten. Am nächsten Tag noch ehe die Sonne aufgegangen war, erwachten sie und brachen zu der nahe gelegenen Stadt auf. Auf ihrem Weg begegneten sie einem Mann, den sie nach dem Heiland fragten. Er führte sie zu einem Hügel, auf dessen Spitze der junge Kaufmann drei Kreuze erkennen konnte. Der Mann rief wehklagend: „Dort ist der Heiland, den ihr sucht. Er ist vor drei Tagen gestorben." Und weinend lief er davon.

Die blinde Königstochter aber sagte nur: „Nein, der, den wir suchen, ist nicht tot. Er lebt und wird mich heilen."

Eben ging die Sonne auf. Als ihre Strahlen die Erde berührten, begann es auf einmal ganz in der Nähe zu klingen wie von jubelndem Freudengesang.

Da flüsterte die Königstochter leise: „Lass uns diesem Ruf folgen!"

Aus einem Garten, der am Fuß des Kreuzhügels lag, tönte das Klingen. Als sie dort eintraten, erschrak der Kaufmann, denn es gähnte darin ein offenes Grab. Unter dem großen Stein, der den Eingang des Grabes verschlossen hatte, sprudelte glitzernd eine Quelle hervor. Von der kam der jubelnde Freudengesang, der sie geführt hatte. Die blinde Königstochter beugte sich zum Wasser jener Quelle hinab und wusch sich mit dem Wasser die Augen. Und als sie sich wieder aufrichtete, waren ihre Augensterne nicht mehr stumpf, sondern sie leuchteten hell. Die Königstochter konnte sehen. Froh wies sie auf das offene Grab und sagte: „Dort hat er geruht, und dort hat er den Tod besiegt. Noch sind die, die ihn kannten, blind dafür. Aber bald werden auch sie ihn schauen."

Von ihrer Blindheit geheilt, reiste die Königstochter heim. Dort verbreitete sie die Kunde von dem Heiland, der gestorben war und im Grab die ganze Welt vom Tod erlöst hatte und sie erzählte allen Menschen von dem singenden Quell, in dem der Heiland sein Leben aller Welt zuströmen lässt.

Georg Dreißig

Psalm 104

Herr, mein Gott,
du hast alles geschaffen:
Den Himmel wie ein weites Zelt.
Die Erde wie einen bunten Teppich.
Das Wasser, damit wir leben können.
Es sprudelt aus den Quellen,
fließt durch die Täler bis in die Meere.
Tiere löschen ihren Durst,
Pflanzen warten auf den Regen,
wie auch wir Menschen in heißen Tagen
die Wolken herbeiwünschen.

Herr, mein Gott,
du hast alles geschaffen.
Den Himmel für die Vögel und Mücken,
die Fliegen und Schmetterlinge.
Die Erde für Gras und Bäume,
für Tiere und Menschen.
Das Meer für Fische und Muscheln,
für Korallen und Algen.
Die Sonne, uns zu wärmen.
Die Nacht für den Schlaf.

Deine Schöpfung ist herrlich.
Ich will daran denken,
wenn ich lerne oder spiele.
Ich will dir danken,
wenn ich esse und trinke.
Ich will mich freuen an deiner Welt
und will auf alles achten,
was du gemacht hast.

Dietlind Steinhöfel (Nach Psalm 104)

Das Mitternachtspicknick

Anna ist schon ganz aufgeregt. Nicht etwa, weil sie jetzt zwei Wochen Schulferien hat und auch nicht, weil der Osterhase kommt und ihr Geschenke bringt. Nein, dieses Jahr hat sie etwas ganz Besonderes vor. Etwas, was außer ihrer Freundin Lisa kein Mensch wissen darf. Es ist ein großes, großes Geheimnis.

„Hast du schon zwei Taschenlampen besorgt?", fragt Anna ihre Freundin.

„Klar doch, die habe ich schon unterm Kopfkissen versteckt. Wenn meine Mutter sie sieht, stellt sie bloß dumme Fragen. Aber vielleicht sollten wir auch etwas Proviant mitnehmen. Du weißt schon, falls wir unterwegs hungrig werden", antwortet Lisa.

„Ich pack was ein! Kennst du den Weg auch ganz bestimmt?", erkundigt sich Anna.

„Im Schlaf", meint Lisa.

„Den musst du auch im Schlaf wissen, schließlich ist es stockdunkel." Endlich ist es dann soweit. Die Osternacht ist da. Anna geht pünktlich um acht Uhr abends ins Bett. Ganz freiwillig – ohne zu murren, ohne zu meckern. Ihre Mutter wundert sich: „Nanu, was ist denn heute mit dir los? Sonst bist du doch nicht ins Bett zu kriegen. Und morgen, wo du ausschlafen kannst …"

„Ich bin halt müde", unterbricht Anna sie. „Gute Nacht." Sie gibt ihrer Mutter einen Kuss und verschwindet schnell.

„Das Kind wird doch nicht krank werden", hört sie ihre Mutter noch murmeln.

Kurz nach Mitternacht rasselt der Wecker. Anna ist sofort hellwach. Hoffentlich haben ihre Eltern nichts gehört. Anna lauscht. Nein, alles ist ruhig. Sie zieht Jogginganzug, Socken und Turnschuhe an und nimmt aus dem Kleiderschrank einen Rucksack. Den hat sie schon gestern, als ihre Mutter einkaufen war, mit Brezeln, Limonade und

Gummibärchen bepackt. Sie schleicht die Treppe hinunter, nimmt sich einen Hausschlüssel und zieht leise die Tür hinter sich zu.

Draußen wartet Lisa. Sie hat ihre Taschenlampe schon angeknipst und fuchtelt damit in der Gegend herum.

„Mensch Lisa, die brauchst du doch hier noch gar nicht. Die Straßenlaterne gibt wirklich genug Licht."

„Ein bisschen mehr Helligkeit kann nicht schaden. Ich warte hier schließlich schon eine ganze Weile auf dich. Und ich habe ein echt mulmiges Gefühl."

„Sag bloß du hast Angst?", fragt Anna.

„Eigentlich schon. Im Dunkeln sieht alles so anders aus", gesteht Lisa.

„Huch, was war denn das?" Lisa rückt näher zu Anna.

„Das sind doch bloß Katzen, die streiten und fauchen."

Im Gebüsch raschelt etwas. Und irgend etwas schmatzt da drin.
„Das sind aber keine Katzen. Gleich falle ich vor Angst in Ohnmacht."
„Und ich mach mir gleich in die Hosen", meint Anna und starrt
in Richtung Gebüsch. „Wir sollten um Hilfe rufen. Auf drei ... eins,
zwei ..."
In diesem Moment trippelt ein kleiner Igel aus dem Gebüsch hervor.
„Dass ein so kleines Tier so viel Lärm machen kann", meint Anna.

„Dass ein so kleines Tier einen so erschrecken
kann", sagt Lisa. „Willst du jetzt wirklich
noch bis zum Teich laufen. Da müssen
wir ja durch den Wald und wenn
hier auf der Straße die Geräusche
schon so furchterregend sind ...
kannst du dir da vorstellen, wie
es im Wald erst zugeht?"
„Naja, Angst habe ich schon.
Andererseits hat nur in der
Osternacht das Wasser seine Zau-
berkraft. Du weißt schon das mit
der Schönheit ...", gibt Anna zu Be-
denken.
Anna und Lisa wollen sich am Teich mit dem Wasser waschen und auch
etwas davon trinken. Die Religionslehrerin hat ihnen erzählt, dass das
Osterwasser heilende Kräfte hat. Es macht schön und man bleibt das
ganze Jahr über gesund.
„Ja, aber bevor ich mich zu Tode fürchte, bleibe ich lieber hässlich.
Mich bekommen keine zehn Pferde in den Wald."
„Du hast Recht. Gehen wir lieber wieder ins warme Bett", stimmt
Anna zu. „Aber zuerst essen wir noch unsere Brezeln."
„Und die Gummibärchen ...", meint Lisa.
Die beiden setzen sich auf die Treppe vor Annas Haustür und beginnen
mit ihrem Mitternachtspicknick. Bald ist alles aufgegessen.

„Jetzt bin ich richtig müde", gähnt Lisa.

„Und ich erst. Also dann gute Nacht!"

„Gute Nacht."

Am nächsten Morgen schläft Anna sehr lange und ihre Mutter kommt besorgt in ihr Zimmer: „Bist du krank? Fühlst du dich nicht wohl?"

„Mir geht's prima." Anna räkelt sich im Bett. Sie zögert noch und dann erzählt sie der Mutter alles, was sie letzte Nacht mit Lisa zusammen gemacht hat. Die Mutter schimpft.

„Aber das Wasser hat nur in der Osternacht heilende Kraft. Wir wollten dir auch eine Flasche voll Osterwasser bringen, damit du das ganze Jahr über gesund bleibst", verteidigt sich Anna.

„Mitten in der Nacht draußen herum zu laufen … ich mag gar nicht daran denken, was da alles hätte passieren können", nörgelt die Mutter.

„Aber wir sind doch vor der Haustüre geblieben."

„Das war sehr vernünftig. Und dass so etwas nicht noch einmal passiert, machen wir im nächsten Jahr an Ostern den nächtlichen Spaziergang gemeinsam", schlägt die Mutter vor. Und Anna ist froh, dass sie ihrer Mutter alles gesagt hat.

Carola Hoffmann

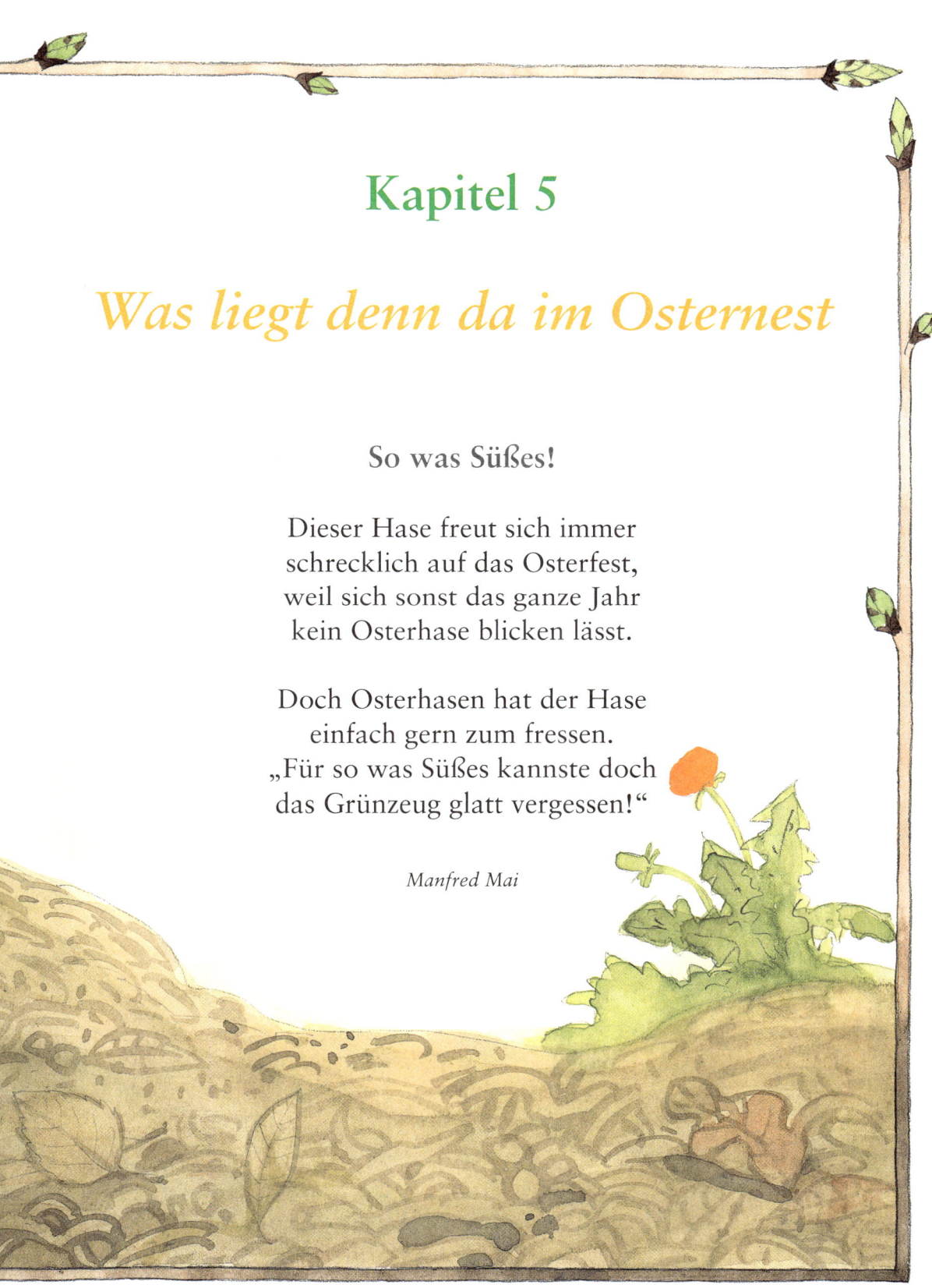

Kapitel 5

Was liegt denn da im Osternest

So was Süßes!

Dieser Hase freut sich immer
schrecklich auf das Osterfest,
weil sich sonst das ganze Jahr
kein Osterhase blicken lässt.

Doch Osterhasen hat der Hase
einfach gern zum fressen.
„Für so was Süßes kannste doch
das Grünzeug glatt vergessen!"

Manfred Mai

Pia und der Osterhase

Als der Schnee gerade geschmolzen war und als die ersten Schneeglöckchen ihre weißen Blüten über das Grün ihrer Stängel und Blätter erhoben, genau an diesem Tag begegnete Pia dem Osterhasen.

Pia war nur einmal in den Garten gelaufen und hatte nachsehen wollen, ob man nicht endlich auf dem Rasen wieder mit dem Ball spielen konnte. Aber im Garten standen noch Pfützchen, die der Schnee übrig gelassen hatte. Und die Erde klebte an den Schuhen, so dass Pias Schuhsohlen immer dicker wurden.

Ganz hinten im Garten unter dem Nussbaum war der Zaun ein wenig brüchig geworden. Eigentlich wollte Pias Vater ihn schon im letzten Herbst reparieren. Aber dann hatte er es doch vergessen. Jetzt war im Zaun ein richtiges Loch. Und genau durch dieses Loch war der Osterhase in den Garten hineingekommen. Pia entdeckte ihn im Gestrüpp neben dem Nussbaum und blieb wie angewurzelt stehen. Im selben Augenblick entdeckte auch der Osterhase das Mädchen.

Eben noch hatte er an dem Gestrüpp herumgeknabbert. Aber jetzt war er plötzlich von dem unerwarteten Auftauchen Pias so überrascht, dass er ganz ruhig sitzen blieb und das Mädchen mit großen Augen anblickte.

Pia fasste sich zuerst.

„Hallo, Osterhase!", sagte sie freundlich, aber so leise, dass der Hase davon nicht erschreckt werden konnte.„Das ist aber ein Glück, dass ich dich entdeckt habe!", lachte sie fröhlich. Pia bemerkte, dass sich der Hase offensichtlich auch freute. Jedenfalls zitterten seine Barthaare ganz leicht im Wind. Das konnte Pia deutlich erkennen.

„Du bist in diesem Jahr aber früh dran!", fügte sie dann zögernd hinzu.„Ich habe noch kein einziges Osternest für die Ostereier gebaut."

Pia erinnerte sich daran, dass sie vorige Ostern mit dem Papa aus Moos und Gras drei schöne Osternester in den Garten gebaut hatte.

Und in jedes Nest hatte der Osterhase seine bunten Eier hineingelegt.
Der Osterhase schaute sie unverwandt an. Dabei kam es Pia so vor,
als würde er ein bisschen zustimmend nicken. Da sagte sie
traurig:„Ich kann auch noch gar keine Nester bauen. Sieh doch nur
selbst! Es ist ja alles noch so nass!" Und sie
zeigte entschuldigend auf ihre dicken
Schuhsohlen aus feuchter Erde.
Der Osterhase ließ auch einen
kurzen Blick über den Garten
schweifen. Sicher stellte er
auch fest, dass es in diesem
Jahr für Osternester und
Ostereier wirklich noch zu
früh war. Schließlich war ja
erst in vier Wochen Ostern.
Er schnupperte einmal kurz,
drehte sich dann blitzschnell
herum und hoppelte ebenso schnell
auf das Loch im Zaun zu, durch das er
im Nu verschwand.

„Vergiss aber nicht, Ostern wieder zu kommen!", rief ihm Pia nach.
Ich will der Mutti erzählen, dass ich den Osterhasen getroffen habe,
dachte sie dann und machte sich auf den Weg zur Haustür. Vielleicht
würde Mutti nicht ganz so ärgerlich über die schmutzigen Schuhe sein
… Vielleicht würde sie nicht ganz so doll schimpfen, dass Pia wieder
im Garten gewesen war. Schließlich musste sich einer ja darum
kümmern, dass zu Ostern auch der Osterhase in den Garten kommen
würde. Wenn auch erst in vier Wochen Ostern ist.

Rolf Kreuzer

Das Schulabenteuer

Einmal im März, gleich nach Ostern, als die kleinen Hasen mit ihren Schultüten in die Schule kamen, war der Lehrer Leo Lampe nicht da.

„Wo mag er nur stecken?", fragte der kleine Kasimir enttäuscht. „Ich hab mich so auf meinen ersten Schultag gefreut!"

„Vielleicht hat er den ersten Schultag einfach vergessen? Er ist nicht mehr der Jüngste und vergisst öfter mal etwas", sagte Pfefferschnauze aus der vierten Klasse.

„Wir müssen ihn suchen!", sagte Löffelgundis, die im zweiten Schuljahr war.

„Gute Idee!", rief Mümmelmanni aus der Dritten. „Ich hab ein Fernglas!"

„Und ich hab eine gute Schnüffelnase", sagte Pfefferschnauze.

„Und ich kenne die besten Verstecke", behauptete Möhritz.

„Au ja! Lehrersuchen!", rief Nickel, der noch in den Hasenkindergarten ging.

Er lief zu seiner Schwester. „Nehmt ihr mich mit?"

„Wenn du schnell rennst und unterwegs nicht quengelst", sagte Löffelgundis.

Und dann schwärmten sie aus und suchten in Hecken und Büschen, auf der Wiese und im Wald. Schließlich kamen sie an den See. Am Ufer saß ein Biber und fischte.

„Leo Lampe sucht ihr? Der ist vor einer ganzen Weile mit einem Boot auf die Insel im See gerudert!", sagte der Biber.

„Hinterher!", rief Nickel begeistert.

„Wo finden wir ein Boot?", fragte Mümmelmanni.

„Dort drüben im Bootshaus liegt ein alter Kahn. Aber Vorsicht! Er leckt ein bisschen", sagte der Biber, ohne zu verraten, dass er es war, der gerade das Holz angeknabbert hatte.

Die kleinen Hasen stürmten das Bootshaus. Der Kahn war voll Wasser. Sie schöpften ihn leer.

„Ich hab die undichte Stelle!", rief Löffelgundis. „Wir müssen sie flicken, ehe wir losfahren."

Sie fanden im Bootshaus Hammer, Nägel und Bretter.

„Fast als hätte es jemand für uns hingelegt!", wunderte sich Löffelgundis.

Und dann zogen sie den Kahn gemeinsam aus dem Wasser und dichteten das Leck ab. Vorsichtig, ganz vorsichtig setzten sie danach das Boot wieder ins Wasser hinein. Beim Einsteigen gab es riesiges Gedrängel.

„Aua!", rief Nickel, als Mümmelmanni ihm auf die Pfoten latschte.

„Nehmt Rücksicht auf die Kleinen!", rief Löffelgundis.

„Mach dich nicht so fett!", sagte Kasimir zu Mümmelmanni.

„Erste Klasse, Babyflasche", sagte Mümmelmanni zu Kasimir.

„Wenn ihr streitet, kommen wir nie zur Insel", schimpfte Löffelgundis.

„Darf ich das Ruder haben?", rief Nickel.

„Lass die Großen rudern", sagte Löffelgundis. „Die haben mehr Kraft."

Schließlich klappte es ohne Drängeln und Schubsen. Aber es war gar nicht so einfach. Der Kahn schaukelte hin und her. Sie mussten stillsitzen. Sie mussten sich festhalten. Sie durften sich nicht zu weit hinauslehnen. Die Ruderer mussten aufpassen, dass sie die anderen nicht mit den Ellbogen rammten und über Bord warfen.

„Land in Sicht!", rief Mümmelmanni schließlich stolz.

„Land unter der Pfote", sagte Nickel und hüpfte als erster an Land.

„Seht mal, da ist was. Ein Zettel. Ein Schild. Aber ich kann es nicht lesen."

Nickel war enttäuscht. Kasimir konnte es auch nicht entziffern, obwohl er schon sieben Buchstaben konnte und sogar das x. Mümmelmanni las vor: Liebe Hasen, das war euer erster Schultag. Ihr habt mehr gelernt als ihr denkt. Hasen, die später mal Ostereier verstecken wollen, müssen auch das Suchen lernen. Jetzt rudert zurück in das Schulhaus. Dort warte ich auf euch. Es gibt Möhrenkuchen und Krümelkekse. Und weil ihr die Aufgabe so gut gelöst habt, gibt es keine Hausaufgaben. Bis gleich, Leo Lampe.

Eine Sekunde lang sahen sich die Hasen verdutzt an, dann kletterten sie ins Boot und ruderten zurück. Es klappte viel besser als auf der Hinfahrt.

„Wir haben echt eine Menge gelernt", murmelte Löffelgundis.

„Keine Hausaufgaben! Herr Lampe ist der beste Lehrer der Welt", schwärmte Möhritz.

„Auf jeden Fall ist er der beste Lehrer von Osterade", sagte Mümmelmanni. Und da hat er hundertprozentig recht, denn in Osterade gibt es nur einen Lehrer.

Ursel Scheffler

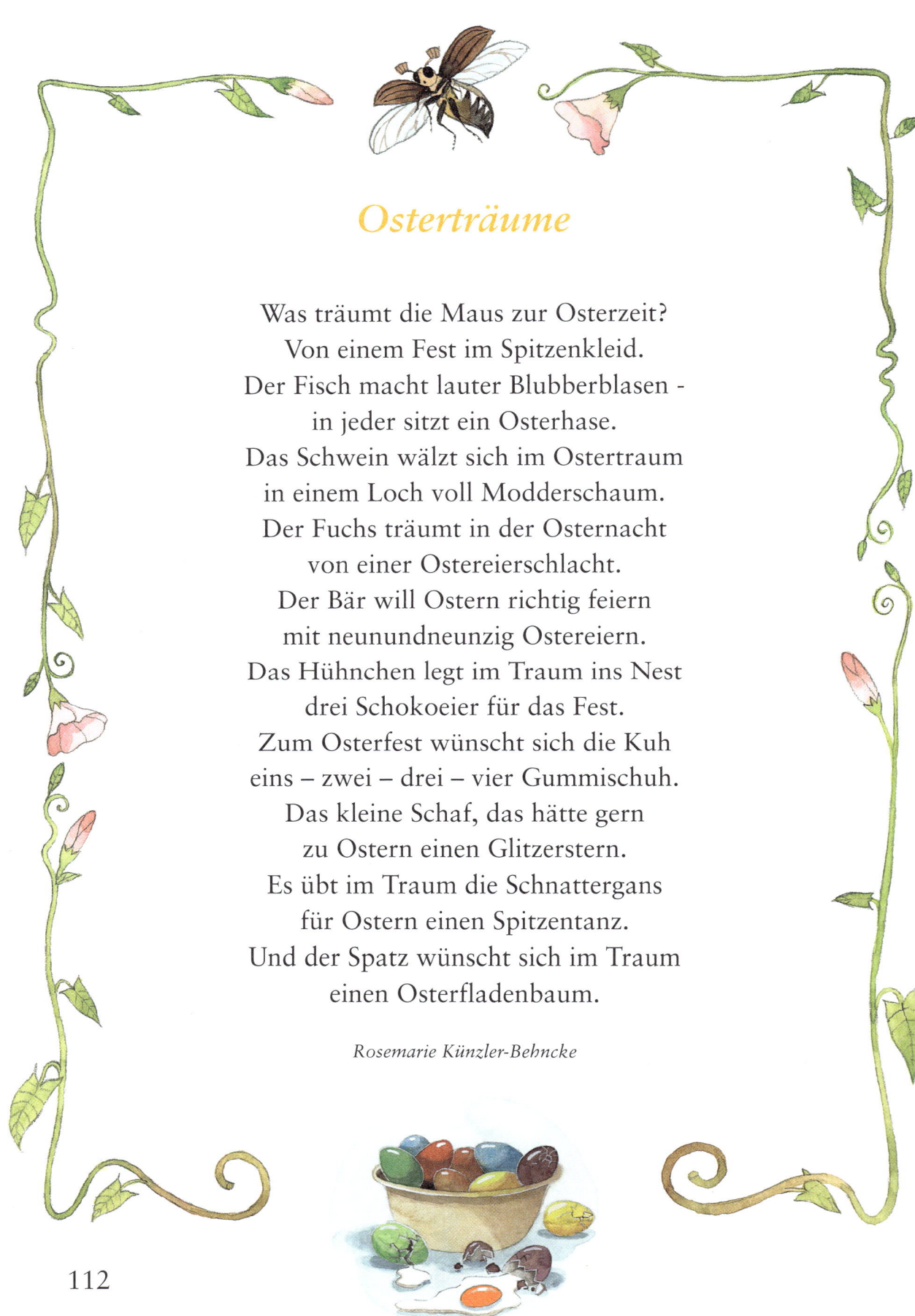

Osterträume

Was träumt die Maus zur Osterzeit?
Von einem Fest im Spitzenkleid.
Der Fisch macht lauter Blubberblasen -
in jeder sitzt ein Osterhase.
Das Schwein wälzt sich im Ostertraum
in einem Loch voll Modderschaum.
Der Fuchs träumt in der Osternacht
von einer Ostereierschlacht.
Der Bär will Ostern richtig feiern
mit neunundneunzig Ostereiern.
Das Hühnchen legt im Traum ins Nest
drei Schokoeier für das Fest.
Zum Osterfest wünscht sich die Kuh
eins – zwei – drei – vier Gummischuh.
Das kleine Schaf, das hätte gern
zu Ostern einen Glitzerstern.
Es übt im Traum die Schnattergans
für Ostern einen Spitzentanz.
Und der Spatz wünscht sich im Traum
einen Osterfladenbaum.

Rosemarie Künzler-Behncke

Nina und Jojo

Nina und Jojo sind Geschwister. Sie sind sogar Zwillinge. Aber Nina ist trotzdem älter. Jedenfalls ein bisschen. Genau genommen ist sie ganze dreißig Sekunden älter. Nina und Jojo machen alles das gerne, was andere Geschwister auch gerne machen: Sie spielen miteinander. Am liebsten Fangen. Sie streiten miteinander. Meistens dann, wenn Nina sagt:„Ich darf bestimmen. Ich bin älter als du." Aber sie vertragen sich auch immer wieder.

In den Wochen vor Ostern müssen Nina und Jojo sogar schon arbeiten. Sie sind nämlich Hasenkinder. Und in den Hasenfamilien ist vor Ostern so viel zu tun, dass sogar die Kleinsten mit anpacken müssen.

Nina muss helfen, die Eier anzumalen.

Jojo muss helfen, die Verstecke auszukundschaften.

Nina kann es überhaupt nicht leiden, Eier anzumalen. Ihr fällt nie ein schönes Muster ein. Sie klatscht mit dem Pinsel die Farben auf die Eier, dass alles ineinander verläuft. Dabei schielt sie zu Jojo und den anderen Hasenjungen hinüber.

„Ich will auch Verstecke auskundschaften", sagt sie sehnsüchtig.

„Das machen die Hasenjungen", antwortet die Mutter.„Hasenmädchen malen Eier an."

„Aber ich hab keine Lust", mault Nina.„Ich bin älter als Jojo. Ich kann bestimmt viel besser auskundschaften."

Doch die Mutter schüttelt nur den Kopf.

Abends, wenn sie im Bett liegen, flüstern Nina und Jojo noch miteinander.

„Ich mag keine Eier anmalen", flüstert Nina ganz leise.

„Ich mag keine Verstecke auskundschaften", flüstert Jojo ganz leise zurück.

Vor Überraschung fällt Nina fast aus ihrem Bett.„Das ist doch total spannend!", ruft sie gar nicht leise.

„Pst!", zischt Jojo. „Ich hab aber Angst vor den Autos. Und vor den Hunden. Und ich finde nie ein gutes Versteck. Außerdem würde ich viel lieber Eier anmalen."

Beim letzten Satz fällt Nina zum zweiten Mal fast aus ihrem Bett. „Das ist doch total langweilig!", ruft sie.

„Du hast ja keine Ahnung", sagt Jojo. „Stell dir doch mal ein Ei vor, in ganz zarten Blautönen. Und dazu nimmst du ein bisschen Gelb, nur eine Pinselspitze. Und dann oben noch einen Klecks Rot und unten …"

Nina macht einen Sprung in die Luft. Dabei fällt sie wirklich aus ihrem Bett. „Au!", sagt sie und reibt sich den Kopf. „Ich hab' eine Idee."

„Welche denn?", fragt Jojo.

Nina flüstert sie ihm ins Ohr.

„Was?", fragt Jojo und schüttelt den Kopf. Er kann nicht glauben, was Nina da eben gesagt hat.

Nina flüstert es ihm noch einmal ins Ohr.

„Das mache ich nicht", sagt Jojo.

„Das musst du aber machen", sagt Nina. „Ich darf bestimmen. Ich bin älter als du."

Am nächsten Morgen sind Nina und Jojo nicht wach zu kriegen. Sie schlafen so tief und fest, als wären sie eben erst ins Bett gegangen.

Alle anderen Hasen stehen ganz früh auf. Aber als sie sich an die Arbeit machen wollen, staunen sie nicht schlecht. Es gibt überhaupt keine Arbeit mehr!

Auf dem Tisch stapelt sich ein Berg von Eiern. Alle sind bemalt. Sie leuchten in den zartesten Farben und schönsten Mustern. Manche sind sogar mit Goldsternchen und Federn verziert.

„Das war eine richtige Künstlerin!", staunt die Mutter

Daneben liegt ein großer Plan, auf dem ganz viele Verstecke einge-zeichnet sind. An einer Stelle steht gekritzelt: „Achtung Hund!" Und an einer anderen: „Vorsicht, Straße ist sehr befahren!"

„Das war ein mutiger Kundschafter!", staunt der Vater.

„Vielleicht war es eine mutige Kundschafterin", piepst eine Stimme.
„Oder ein richtiger Künstler", gähnt eine andere Stimme.
Alle drehen sich um. Da stehen Nina und Jojo und reiben sich verschlafen die Augen.

Luise Holthausen

Ein Ei!

Heinrich war ein mutiger Hase. Er traute sich sogar in den Garten des Bauern Rübelmann zu schleichen, obwohl ein schwarzer Schäferhund zum Hof gehörte. Der war zwar meistens angekettet, aber sicher wusste man das nie.

Eines Tages hoppelte Heinrich wieder einmal zu dem Garten, denn er hatte Appetit auf den Kohl des Bauern Rübelmann. Es war der beste im ganzen Land, davon war Heinrich überzeugt. Vor dem Zaun machte er wie immer Männchen und schnupperte, ob die Luft rein war. Ein paar Hühner liefen durch den Garten, aber die störten Heinrich nicht. Er kroch unter dem Zaun hindurch, hoppelte zu einem besonders großen Kohlkopf und fing zu fressen an.

Nach einer Weile rumpelte es in seinem Bauch. Heinrich spürte, dass er einen Haufen machen musste. Er hockte sich hin und drückte. Als er fertig war und sich umdrehte, lag hinter ihm ein Ei. Ein schönes weißes Ei.

„Juhu!", rief er. „Ich kann Eier legen! Dann bin ich der Osterhase!"

116

In diesem Augenblick war für Heinrich sogar der beste Kohl im ganzen Land unwichtig. Diese sensationelle Neuigkeit musste er sofort den anderen Hasen erzählen. Er lief nach Hause und trommelte alle Hasen zusammen. „Ich kann Eier legen!", rief er. „Ich bin der Osterhase!"
Einige Hasen lachten nur und hielten Heinrich für einen Angeber. Andere waren vorsichtiger. Schließlich galt Heinrich als mutigster Hase im ganzen Land. Vielleicht war er ja wirklich der Osterhase.
„Das glaube ich erst, wenn ich mit eigenen Augen sehe, wie du ein Ei legst", sagte die Häsin Rosa.
„Genau!", riefen ein paar andere.
„Also los, leg ein Ei!", verlangte Rosa.
Da hockte sich Heinrich hin, drückte und drückte. Alle Hasen drängten sich um ihn, um ja nichts zu verpassen. Aber was hinter Heinrich zu Boden fiel, war kein weißes Ei, sondern ganz gewöhnlicher brauner Hasenköttel.
„Das sind ja schöne Eier", spottete der Hase Fridolin. „Solche kann ich auch legen. Bin ich dann auch ein Osterhase?"
„Ich.. ich.. ich habe.. ich kann …", stotterte Heinrich. „Ich kann eben nur ein Ei am Tag legen. Und das für heute habe ich schon bei den Kohlköpfen gelegt."
„Du bist selber ein Kohlkopf", stichelte Fridolin.
„Oder ein Hohlkopf!", rief Rosa.
Heinrich bahnte sich einen Weg durch die Hasen. „Morgen früh lege ich wieder ein Ei, ihr werdet schon sehen!"
Am nächsten Tag versammelten sich alle Hasen um Heinrich beim Eierlegen zuzuschauen. Aber als er fertig war, lagen wieder nur Hasenköttel hinter ihm. Genauso am übernächsten Tag und an allen übernächsten Tagen, die noch folgten. Und bis zum heutigen Tag weiß Heinrich nicht, wie es kam, dass im Garten des Bauern Rübelmann ein schönes weißes Ei hinter ihm lag.
Weißt du es?

Manfred Mai

Quietschfidel

Laura und Lukas freuen sich auf Ostern. Nur auf eines freuen sie sich nicht: Wenn es nicht gerade wie aus Eimern gießt, wollen Mama und Papa am Ostermontag immer einen langen Osterspaziergang machen. „Der gehört zu Ostern wie der Osterhase", sagt Papa jedes Jahr. Laura und Lukas sind da ganz anderer Meinung. Sie haben überhaupt keine Lust, schon am frühen Morgen durch Felder und Wälder zu stiefeln. Sie finden Spazierengehen furchtbar langweilig.

Am Ostersonntagabend sitzen sie da und überlegen, wie sie um den Osterspaziergang herumkommen könnten. Weil ihm nichts einfällt, beißt Lukas seinem Schokohasen missmutig den Kopf ab. Er verschluckt sich daran und muss kräftig husten. Das bringt Laura auf die rettende Idee.

„Wir stellen uns morgen früh krank", schlägt sie vor. „Wir husten und …"

„Das ist gut", unterbricht Lukas seine Schwester und legt sein Gesicht sofort in Falten. Dazu stöhnt er wie ein Todkranker.

„Du darfst nicht so übertreiben", sagt Laura. „Sonst fällt es auf und sie glauben uns nicht."

Die beiden üben noch ein wenig und Laura reibt ihre Backen, bis sie schön rot sind.

„Prima", sagt Lukas. „Jetzt siehst du aus, als ob du Fieber hättest. So machen wir es morgen früh auch."

Gesagt – getan. Am Ostermontagmorgen findet Papa zwei leidende Kinder vor. Trotzdem reagiert er nicht besorgt, sondern eher misstrauisch. „Was ist denn mit euch los? Gestern wart ihr doch noch quietschfidel."

„Oh", stöhnt Lukas. „Mein Kopf tut so weh. Ich habe bestimmt Fieber."

„Und du?", fragt Papa Laura. „Hast du etwa auch Fieber?"

118

Lauras Kopf steckt bis zur Nasenspitze unter der Decke. „Bestimmt hat Lukas mich angesteckt", nuschelt sie und muss aufpassen, dass sie nicht zu lachen anfängt.

Papa schüttelt den Kopf. „Schade, dass ihr so krank seid. Mama und ich wollten euch nämlich heute überraschen."

„Womit?", fragt Lukas.

„Wir wollten heute mal keinen Osterspaziergang machen, sondern mit euch in den Erlebnispark fahren", antwortet Papa. „Aber mit zwei kranken Kindern geht das natürlich nicht."

„Ich glaube, ich bin gar nicht mehr so krank", sagt Lukas schnell.

Laura schiebt den Kopf unter der Decke hervor. „Mir geht's auch schon besser", flüstert sie. Jetzt ist ihr nicht mehr zum Lachen.

„Tut mir Leid", sagt Papa mit ernster Miene, „kranke Kinder gehören ins Bett und nicht in den Erlebnispark."

Da wirft Lukas die Decke zurück und springt aus dem Bett. „Ich bin schon wieder gesund!"

Papa knuddelt ihn kräftig. „Weißt du, was du bist? Ein kleiner Schlingel bist du, genau wie deine Schwester. Ihr wolltet uns reinlegen." Er kneift Laura in die Backe. „Aber weil Ostern ist, bin ich euch nicht böse. Also los, beeilt euch! Wir haben noch viel vor heute!"

Manfred Mai

Enzianblüten sind gefährlich

Hase Oskar ist ein richtig frecher Schneehase. Er wohnt hoch oben in den Bergen. Sein Fell ist so weiß wie der viele, viele Schnee ringsum. Oskar braucht sich im Winter nur selten zu verstecken, wenn die Adler hoch über ihm kreisen. Er duckt sich dann einfach tief hinein in den weißen Schnee.

„Ich sehe was, was ihr nicht seht, und das sieht weiß aus", ruft er übermütig den Krähen zu, die hungrig nach Futter schreien.

Aber die Krähen wagen sich nicht an den frechen Oskar mit den gefährlichen Kratzepfoten.

„Hoppla, ich rutsche auf dem Po!", schreit er laut und schon ist er den Abhang bei den Tannen heruntergerutscht. Na und was ist das?

Da hat ihm gerade das Eichhörnchen hoch in den Ästen eine dicke Nuß auf den Kopf geworfen.

„Danke, du bist spitze!", ruft Oskar und lässt sich den Kern schmecken.

„Aber du bist überhaupt nicht spitze mit deinem langweiligen Fell", ruft das Eichhörnchen.

„In diesem Winter ist Weiß doch aus der Mode. Rotbraun ist jetzt gefragt. Rotbraun wie mein langer, buschiger Schwanz oder Himmelblau wie der Winterhimmel."

„Himmelblau", seufzt Oskar ganz entzückt. „Wenn ich doch himmelblaue Ohren und ein himmelblaues Schwänzchen hätte."

„Nichts leichter als das", ruft das Eichhörnchen. „Schau – da drüben am Bach! Da gucken schon die ersten Enzianblüten heraus. Such dir fünf Blüten, das ist 'ne Kleinigkeit. Dann bist du der schönste Hase weit und breit."

Das lässt sich Oskar nicht zweimal sagen. Nichts wie hingewetzt und runtergemümmelt.

Horrido – was ist das? Ein Rucken, ein Ziehen in den Ohren, am Schwanz. Oskar hoppelt zum Bergbach. Er stellt die Ohren hoch: himmelblau, super!

Er dreht sich um. Das Schwänzchen: himmelblau!

„Toll, damit kann ich so richtig vor allen Hasenmädchen angeben", denkt Oskar.

Plötzlich rauscht ein wilder Flügelschlag über ihm. Der große Adler vom Gletscherberg packt ihn mit seinen riesigen Fängen.

„Hilfe!", schreit Oskar – da ist er aufgewacht.

Und alles ist weiß an ihm, wollweiß, schneeweiß, wäscheweiß – weißer geht's nicht!

„Und so soll's auch bleiben!", ruft Oskar und macht drei riesenhohe Schneehopsersprünge.

Barbara Cratzius

Das braune Häschen

Ei, ei, ei, was ist denn das,
so früh schon dort im hohen Gras?

Da sitzt ein braunes Häschen
mit einem stumpfen Näschen.

Es putzt die Schnauze, spitzt das Ohr
und schaut zu unserm Haus empor.

Das ist der liebe Osterhas',
das ist der liebe Osterhas'!

Was will denn wohl das Häschen, was,
so früh schon dort im grünen Gras?

Es bringt zur Osterfeier
den braven Kindern Eier

in Farben gelb und rot und blau
und viele bunte, schau nur, schau!

Du lieber, braver Osterhas',
du lieber, braver Osterhas'.

Volksgut

Ostereier malen

Ich will Ostereier malen,
sagt der Peter schlau.
Bunte Ostereierschalen!
Er fängt an mit Blau.

Dann nimmt er die rote Farbe,
hinterher noch Grün.
Lässt sie dann für eine Weile
noch im Gelben drin.

Alle Farben gleich auf einmal!
Schau doch mal genau:
Peter, deine Ostereier
sind jetzt schwarz und grau.

Rolf Krenzer

Melanie sucht den Osterhasen

Melanie malt ein Osterbild. Bunte Eier malt sie und darüber Grashalme, bis die Eier fast nicht mehr zu finden sind. Die Mama liest Zeitung und der Papa rührt den Kuchenteig.

„Wie viele Hasen gibt es?", will Melanie wissen.

„Och", sagt der Papa, „mindestens eine Million."

„Und woran erkennt man den Osterhasen?"

Die Mama legt die Zeitung fort.

„Der Osterhase hat bunte Pfoten", sagt sie. „Vom Eieranmalen."

Beim Gute-Nacht-Sagen wünscht Melanie sich was. Sie will in den Wald am Ostermorgen. Vielleicht trifft sie den Osterhasen.

„Du darfst aber nicht enttäuscht sein, wenn du ihm nicht begegnest", sagt der Papa. „Der Bursche ist ziemlich scheu."

Melanie nickt.

Am Ostermorgen fahren sie ganz früh los. Es ist noch still in der Stadt. Als die Sonne aufgeht, sind sie am Waldrand angekommen. Das Gras ist nass vom Tau.

„Psst!", sagt der Papa. „Leise! Wir bleiben ein Stückchen hinter dir. Vor großen Leuten erschrickt er sicher."

Da schleicht Melanie los. Eigentlich ist sie ja ängstlich. Aber vor lauter Aufregung vergisst sie das ganz.

„Lieber, guter Osterhase", flüstert sie, „mit der Hasen-Schnuppernase."

Doch das Bunte im Gras sind nur Blumen.

Und was da zwischen den Sträuchern davonhuscht, ist ein Vogel.

Ganz feines grünes Moos findet Melanie und ein leeres Schneckenhaus.

Das steckt sie in die Tasche. Einmal entdeckt sie eine Höhle. „Bist du da drin?", fragt Melanie leise.

Doch in der Höhle liegt bloß eine alte Limodose.

Bald sind noch mehr Leute im Wald.

„Gehn wir zurück", sagt die Mama. „Bei dem Lärm triffst du den Osterhasen sicher nicht."

Melanie will nicht traurig sein. Sie hat ja auch das Schneckenhaus.

So gehen sie zum Auto.

„Schaut!", schreit Melanie da plötzlich.

Auf der Kühlerhaube sind Pfotenabdrücke in Rot und Blau und Gelb!

„Er ist dagewesen – der Osterhase!"

Und auf dem Rücksitz des Autos findet sie wahrhaftig ein Nest mit bunten Eiern.

Gina Ruck-Pauquèt

Am Waldrand

Horch! Hörst du dort drüben,
wie's raschelt und knackt?
Da scharrt es und rupft es,
da huscht es und hupft es,
dass die Angst einen packt.

Wer ist es? Was macht er?
Dort flitzt er durchs Gras.
Eier hat er versteckt! Wer?
Der Osterhas!

Alfons Schweiggert

Ein Osterei für den kleinen Hasen

Morgen ist Ostern!", sagte Mutter Hase zu dem kleinen Hasen.
„Alle Kinder freuen sich schon auf Ostereier. Hilfst du mir, sie zu verstecken?"

Na klar! Rasch war der kleine Hase auf den Beinen und sie machten
sich auf zur Osterhasenwerkstatt. Da wisperte eine Maus. Da
schnaufte ein Igel. Da zog ein Hirsch vorbei. Der kleine Hase spähte
umher.

Tief im Wald – versteckt hinter dichten Büschen – lag die Osterhasenwerkstatt. Da standen die vollen Körbe und Kiepen bis zum Rand
gefüllt mit wunderschönen bunt gefärbten und bemalten Ostereiern.
So viele Eier! So viele Osterhasen rundherum! So viel Trubel! Der
kleine Hase staunte.

Mutter Hase nahm ihre Kiepe auf den Rücken und stapfte los.
Der kleine Hase hoppelte hinterdrein. Es ging durch den Wald, über
Wiesen und Felder, bis zur Landstraße. Da hupte ein Auto. Da
schlug die Kirchturmuhr. Da brummte ein Flugzeug. Der kleine Hase
lauschte.

„Ist es noch weit?", fragte der kleine Hase.

„Nein, ganz nah!", tröstete Mutter Hase.

Sie liefen an einem Bauernhof vorbei.

Kikeriki! Der Hahn krähte.

Gack-gack-gack!, gackerten die Hühner.

Muh, muh! Das waren die Kühe.

Mäh, mäh!, blökten die Schafe.

Oink-oink!, grunzten die Schweine.

Es roch nach Osterbrot. Hmmmm – lecker! Der kleine Hase
schnupperte.

„Komm! Wir müssen uns beeilen!", sagte Mutter Hase und lief
voraus.

Der Himmel wurde schon hell.

„Wir sind da!", flüsterte Mama Hase und sprang über eine Hecke.
Der kleine Hase hüpfte hinterdrein. Sie standen auf einer großen
Terrasse. Mutter Hase nahm die Kiepe vom Rücken und fing an,
die Ostereier zu verstecken. Der kleine Hase schaute neugierig zu.

„Wo sind denn die Kinder?", fragte der kleine Hase.

„Die schlafen noch!", sagte Mutter Hase.

127

Sie ließ ihn durchs Fenster schauen. Tatsächlich, die Kinder lagen im Bett.

„Da sitzt ein weißer Hase und schaut mich an!", sagte der kleine Hase.

„Das ist ein Stoffhase zum Kuscheln und Liebhaben!", erklärte die Mutter.

„Ach so!" Der kleine Hase nickte.

Dann ging es weiter in den Nachbargarten. Mutter Hase versteckte die Eier unter den Büschen und Blumen. Sie lief hin und her.

„Mach doch einfach ein großes Nest mitten auf dem Rasen", sagte der kleine Hase.

Aber Mutter Hase schüttelte den Kopf: „Ostereier müssen gesucht werden!"

„Warum sollen die Kinder die Eier suchen?", fragte sich der kleine Hase.

Er legte heimlich eine Spur aus Kieselsteinen zu den Verstecken und kicherte. Doch Mutter Hase erwischte ihn bald.

„Den Kindern macht das Suchen Spaß!", erklärte sie.

„Aber wenn eins von den Eiern nicht gefunden wird, verdirbt es!", jammerte der kleine Hase.

Mutter Hase schüttelte den Kopf: „Wenn wirklich ein Ei liegen bleibt, dann gehört es dir!"

Da sammelte der kleine Hase die Kieselsteine schnell wieder ein und überlegte sich ein schwieriges Versteck für das letzte Osterei. Müde machten sich Mutter Hase und der kleine Hase auf den Heimweg.

„Sicher werden die Kinder alle Eier finden", dachte der kleine Hase traurig kurz vor dem Einschlafen. „Dabei hätte ich so gern auch ein Osterei gehabt."

Er ahnte nicht, was Mutter Hase ganz unten in ihrer Kiepe versteckt hielt: Ein extra großes kunterbuntes Osterei. Für den kleinen Hasen.

Rosemarie Künzler-Behncke

Osterhühner

*I*m Hühnergarten herrschte große Aufregung. Das Huhn Emma weigerte sich, Eier zu legen.

„Warum bist du denn auf einmal so störrisch?", fragte der Hahn.

„Warum?" Emma warf den Kopf zurück. „Wir sollen all die Eier legen und die großen Menschen erzählen ihren Kindern, die Hasen machen das. Sie nennen die Hasen sogar Osterhasen. Dann sollen die Osterhasen ihre Eier doch selbst legen."

„Hasen können keine Eier legen", entgegnete der Hahn.

„Eben", gackerte Emma. „Wir legen die Eier, wir machen die Arbeit. Deswegen will ich, dass wir Osterhühner genannt werden. Die Hasen legen keine Eier, also sind sie auch keine Osterhasen."

„Emma hat Recht", gackerten die anderen Hühner.

„Wir legen keine Eier mehr, bis man uns Osterhühner nennt."

Der Hahn bekam es mit der Angst zu tun und krähte aus vollem Hals: „Seid ihr denn alle verrückt ge-worden? Wenn ihr keine Eier mehr legt, werden die Menschen euch schlachten!"

Die Hühner erschraken. Daran hatten sie nicht gedacht. Nein, geschlachtet wollten sie natür-lich auch nicht werden. Dann lieber weiterhin ganz gewöhnliche Hühner sein.

Nur Emma blieb standhaft und legte keine Eier mehr. Jedenfalls vor Ostern nicht. Aber da sie das einzige Huhn war, fiel es nicht auf und es passierte ihr nichts. Zum Glück, denn eigentlich hatte sie ja Recht, oder?

Manfred Mai

Wie der Osterhase Ostern feiert

Wisst ihr schon, dass der Osterhase am liebsten die Eier isst, die innen einen Kirschkern haben? Ihr wisst das noch nicht? Dann wisst ihr es ab jetzt. Ja, so ist es: die Eier, die innen einen Kirschkern haben, die isst der Osterhase am liebsten. Das sind die Kirschkerneier. Außen Schokolade, innen Kirschkern. Deswegen kennt ihr diese Eier wahrscheinlich gar nicht, weil sie noch nie in euren Osternestern lagen. Denn der Osterhase hat sie ja alle selber weggeputzt. Er ist so ein richtiger Kirschkerneier-Räuber. Zuerst mümmelt er die Schokolade auf, schluck – weg ist sie. Dann bleibt der Kirschkern übrig. Und mit dem Kirschkern übt der Osterhase Weitspucken. Das macht ihm Spaß! Er spuckt den Kern mit aller Kraft ganz weit fort. Manchmal bis in den See hinein, manchmal bis zum nächsten Baum.

Und wenn er endlich alle Eier schön ordentlich gelegt und in den Nestern verteilt hat und alle Kirschkerneier geräubert hat, dann geht er mit all den anderen Osterhasen zum Kirschkern-Weitspuck-Wettbewerb.

Kaum ist am Ostersonntag die Kirche aus, hüpfen die Osterhasen auf die große gelbe Wiese. Die ist deshalb so gelb, weil überall gelbe Osterglocken stehen. Sie stehen nicht nur, sie läuten auch! Sie läuten und läuten, damit alle daran erinnert werden, dass heute Ostern ist und Jesus auferstanden. Und das muss man ja schließlich wissen! Also läuten die Osterglocken den ganzen Ostersonntag im Osterwind. Und die Osterhasen spucken weit.

Sie spucken den ganzen Nachmittag ihre Kirschkerne weit über die Wiese. Und der Osterhase, der am weitesten spucken kann, der macht dann einen großen Ostersprung vom Osterhügel herunter.

Der Osterhügel liegt gleich hinter der Kirche. Oben drauf steht ein Holzkreuz, das zu Jesus und Ostern gehört. Ihr wisst ja: Jesus ist am Kreuz gestorben und dann auferstanden. Die Osterhasen versammeln sich alle oben auf dem Hügel und singen zuerst einmal ein Osterlied. Wenn Osterhasen singen, dann hört sich das ganz leise an, ganz fein und wunderbar. Das hätte man den Kerlen gar nicht zugetraut, was? Aber es ist so: Sie singen fein und leise und halten dabei ihre langen Ohren in die Luft, um zuzuhören wie die Töne verschweben und wie sie sich mit dem Klang der läutenden Oster-glocken vermischen. Das ist wie ein Konzert. Und dann sind die Hasen still. Keiner sagt etwas. Alle halten beinahe sogar die Luft an und alle denken daran, dass sie nur Osterhasen sind, weil es an Ostern wirklich etwas zu feiern gibt. Und was, wenn man fragen darf? Werden etwa die Ostereier gefeiert? Feiert ihr, dass die Ostereier in euren Nestern liegen und so gut schmecken? Oder feiert ihr, dass die Osterglocken läuten und zwar so sehr, dass man fast sein eigenes Wort nicht versteht? Oder feiert ihr einfach gar nichts? Wenn ihr gar nichts feiert, dann wisst ihr aber weniger als jeder Osterhase: Denn jeder Osterhase weiß, was an Ostern gefeiert wird. Er braucht es sich gar nicht hinter seine langen Ohren zu schreiben, er weiß es einfach. Genau so wie er weiß, dass Kirschkerneier das Beste überhaupt sind.

Jeder Osterhase weiß: Er feiert an Ostern vor lauter Freude darüber, dass Jesus auferstanden ist und heute noch lebt. Das ist Ostern. Sie sind darüber so froh, denn deswegen sind sie ja überhaupt da.

Es würde keinen einzigen Osterhasen geben, wenn das nicht stimmen würde. Wenn Jesus nicht auferstanden wäre, dann gäbe es gar nichts zu feiern. Alle gelben Glocken wären stumm und traurig. Alle Hasen würden ihre langen Ohren hängen lassen. Die ganze Welt hätte kein Licht mehr, keine Freude, ach kein gar nichts.

Aber Gott sei Dank ist es ja nicht so! Ihr wisst es ja besser, ihr wisst, dass es Ostern gibt und warum.

Und so stehen die Osterhasen oben auf dem Hügel. Ganz still ist es. Und dann tritt der Kirschkern-Weitspuck-Osterhasen-Sieger hervor. Und holt tief Luft. Nimmt Anlauf. Und macht einen unglaublich großen Sprung –huiii – weit weit den Hügel hinunter – noch weiter – und noch weiter – er landet – nein, er landet immer noch nicht, er ist noch immer mitten in der Luft –huiiii – aber jetzt, jetzt landet er ganz genau unten vor der Kirchentür – plumps!

Und da jubeln die anderen Osterhasen oben auf dem Hügel laut und klatschen in die Pfoten und wackeln mit ihren langen Ohren. Das war ein großartiger Ostersprung! Und den machen jetzt alle nach, alle Osterhasen springen den Hügel herab, jeder Osterhase mit seinem eigenen Ostersprung.

So, und dann gehen alle Osterhasen nach Hause und legen sich in ihre Osternester zum Schlafen. Denn nach all dem Eierlegen und Spucken und Singen und Springen sind sie ziemlich müde.

So feiern die Osterhasen Ostern. Habt ihr das schon gewusst?

Tanja Jeschke

Der Osterhase

Schaut, wer sitzt denn dort im Gras?
Stille, still, der Has', der Has'!
Guckt mit seinem langen Ohr
aus dem grünen Gras hervor.
Lasst uns schauen, was im Nest
liegt so kugelrund und fest.

Eier, blau und grün und fleckig,
Eier, rot und gelb und scheckig.
Häslein in dem grünen Wald,
bin dir gut und dank dir halt.
Häslein mit dem langen Ohr,
dank dir tausendmal davor!

Volksgut

Wettlauf zwischen Hase und Igel

Ein Hase hoppelte vor Sonnenaufgang im Kohlfeld herum. Da traf er einen Igel.

„Was machst du denn morgens so früh hier auf dem Feld?", fragte er.

„Ich gehe hier spazieren und gucke mir die schönen dicken Steckrüben an", sagte der Igel.

„Spazieren?", fragte der Hase lachend. „Du kommst mit deinen kurzen, dicken Beinen ja kaum von der Stelle!"

„Das kommt auf einen Versuch an", brummte der Igel wütend. „Bei einem Wettrennen würdest du den Kürzeren ziehen!"

Der Hase schlenkerte wütend mit den Ohren und rief: „Morgen früh um acht hier in der Furche! Und wir wetten auf eine Flasche Wein, fünf goldene Taler und zehn frische Mohrrüben."

Der Igel trippelte nach Hause und flüsterte seiner Igelfrau etwas ins Ohr. Die hielt sich den dicken Bauch vor Lachen. Am nächsten Morgen trafen sich der Hase und der Igel in der Ackerfurche. Der Eichelhäher, der immer alles herausbekam, was sich in Feld und Wald abspielte, war auch schon da.

„Auf die Plätze, fertig, los", schnarrte er.

Wie der Wind sauste der Hase die Furche entlang. Der Igel trippelte nur ein paar Schritte vorwärts und lief dann wieder auf seinen Platz am Anfang des Kohlfeldes zurück.

Als der Hase am Ende des Kohlfeldes angekommen war, stand da die Igelfrau. Sie hatte die Pfoten über dem Bauch gefaltet und grinste: „Ich bin längst da!"

Der Hase stutzte. Dann drehte er sich um und sauste wie ein Wirbelwind wieder zurück. Als er am anderen Ende ankam, grinste ihm der Igel zwischen zwei Kohlköpfen entgegen und rief: „Ich bin schon längst da!"

„Das ist ja wie verhext heute morgen!", schrie der Hase. „Noch mal gelaufen!"

135

Und er wetzte mit seinen langen Hinterbeinen noch schneller als zuvor. Doch als er am Ende der Furche angekommen war, rief die Igelfrau höhnisch: „Ich bin schon da!"

Als die Sonne unterging, sank der Hase erschöpft bei dem großen Stein zwischen den Löwenzahnblättern ins Gras und stöhnte: „Hier hast du den Wein und die Taler und die Mohrrüben!"

Und seitdem haben sich die Hasen nie wieder auf einen Wettlauf mit den Igeln eingelassen. Oder habt ihr schon mal einen Igel mit einem Hasen um die Wette laufen sehn?

Nacherzählt von Barbara Cratzius

Tanja und die Ostereier

Endlich geht Tanjas allergrößter Wunsch in Erfüllung. So oft hat sie Mutti und Vati schon gebeten, beim Eierfärben mithelfen zu dürfen. Aber immer haben die Eltern die ganze Sache auf den Osterhasen geschoben und Tanja am Abend vor Ostern ins Bett geschickt. Und am nächsten Morgen waren dann alle Ostereier längst bunt angemalt und im Garten versteckt, so dass Tanja sie nur noch suchen musste. Gewiss hätte Tanja sie ebenso gern gesucht, wenn sie sie selbst angemalt hätte. Aber ihre Eltern sind schrecklich altmodisch. Und das ärgert Tanja manchmal. Aber heute kann ihr nun niemand etwas verbieten. Kein Mensch wird sie heute ins Bett schicken. Und die Ostereier, die morgen von Tanja im Garten gesucht werden hat Tanja alle selbst angemalt und gefärbt! Ehrlich!

Mutti und Vati sind nämlich mit dem Auto davongefahren. Sie müssen über eine Stunde fahren, um zur Oma zu kommen. Sie wollen die Oma über Ostern zu sich holen. Wenn sie dann wieder zurückfahren, brauchen sie noch einmal eine ganze Stunde. Das ist viel Zeit, die sie für das Auto fahren brauchen. Und es ist viel Zeit, die Tanja gut nutzen kann. Zum Beispiel zum Ostereierfärben.

Eigentlich sollte Tanja nach dem Kindergarten zu Frau Zeisig von gegenüber gehen, weil die Eltern schon so früh abfahren mussten. Aber ausgerechnet heute hat Frau Zeisig so schlimme Zahnschmerzen bekommen, dass sie gleich zum Zahnarzt musste.

„Du stellst doch nichts an?", hat sie gefragt, als sie Tanja in die Wohnung brachte. „Nein!", hat Tanja geantwortet und kräftig dazu mit dem Kopf geschüttelt.

Dann hat sie die Eier auf dem Kühlschrank entdeckt. Eine ganze Schüssel voller weißer Eier, die morgen bestimmt alle Ostereier sein werden.

Tanja hat auch die Eierfarben entdeckt. Sie weiß, dass in den Tütchen kleine runde Tabletten sind, die man nur in heißem Wasser auflösen muss. Und heißes Wasser hat Tanja schnell aus der Wasserleitung herbeigeholt.

Sie nimmt verschiedene Tassen und legt die kleinen bunten Tabletten hinein. Dann gießt sie Wasser darüber, rührt kräftig um. Schon gibt es eine herrliche Eierfärbebrühe. Eine Tasse mit gelber Farbe, eine mit roter, eine mit blauer und eine mit grüner Farbe.

Was jetzt gemacht werden muss, ist nur noch ein Klacks.

Tanja hat überhaupt keine Schwierigkeiten. Schließlich hat sie ja mit ihrer Gruppe heute morgen im Kindergarten bereits Eier gefärbt. Und sie hat genau zugesehen, als Frau Krüger alles gezeigt hat. So nimmt sie jetzt ganz vorsichtig ein Ei nach dem anderen mit einem Esslöffel aus der Schüssel und tunkt sie ebenso vorsichtig in die Tassen mit der Farbe. Und wirklich! Die Eier werden zu richtigen Ostereiern. Das geht im Handumdrehen.

Und wenn wirklich mal ein Ei auf die Fliesen vor dem Kühlschrank
fällt, dann kann man es bequem mit dem Putzlappen
wieder aufwischen. Das passiert schließlich der
Mutti auch schon einmal, meint Tanja.
Und Mutti ist eine gute Hausfrau.
Jedenfalls behauptet das Vati immer.
Als Vati und Mutti dann später mit
der Oma kommen, ist die Wohnung
aufgeräumt. Tanja hat die Tassen gespült. Und es ist nur noch ein bisschen
Farbe an den Rändern zu sehen. Aber
erstens sieht das lustig aus. Und zweitens
geht die Farbe bestimmt beim nächsten
Spülen wieder ab.

Aber dann staunen sie doch alle, als sie sehen, was Tanja geschafft hat.
Das hätte ihr bestimmt keiner zugetraut. Nicht die Mutti! Nicht der
Vati! Und die Oma bestimmt schon ganz und gar nicht!
„Ostereier!", sagt Tanja freudig und blickt die Erwachsenen mit
glänzenden Augen an.
„Und du hast alle mit Frau Zeisig gefärbt?", fragt Mutti.
„Ganz allein!", strahlt Tanja. „Frau Zeisig musste ein bisschen zum
Zahnarzt!"
„Das ist eine Überraschung!", lacht die Oma und drückt Tanja ganz
fest an sich.
„Du darfst ein Osterei essen!", flüstert Tanja und lächelt die Oma an.
Und wirklich! Die Oma nimmt sich ein rotes Ei aus der Schüssel. Und
Vati greift nach einem blauen Ei.
Und dann wollen Oma und Vati Eierticken spielen. Das machen sie
immer an Ostern. Dann schlagen sie die Eier mit ihren Spitzen gegen-
einander. Jeder ist stolz, wenn sein Ei dabei nicht kaputtgeht.
Diesmal ist das Eierticken-Spiel nicht so schön wie sonst.
Es knackt nur, dann schwabbelt das Eigelb über Omas Bluse und über

Vatis Pullover. Und dann stört es noch, dass Mutti so laut schreit. Und dann müssen die Kleider gewechselt werden. Und Mutti muss die Küche putzen. Und Tanja muss überall mithelfen, obwohl sie sich solche Mühe beim Eierfärben gegeben hat.

„Das kommt davon, wenn einem im Kindergarten alles nicht richtig gezeigt wird!", schimpft Tanja leise vor sich hin. Frau Krüger hatte die Eier vorher gekocht und dann ihren Kindern zum Anmalen und Färben überlassen.

Aber ein bisschen ist Tanja auch gespannt, was passiert, wenn die bunten Eier jetzt noch gekocht werden sollen. Bleibt die Farbe dran? Werden es richtige bunte Ostereier? Geht die Farbe ab?

Aber Ostereier werden es ganz bestimmt. Sie sind ja für morgen bestimmt. Und morgen ist Ostern!

Rolf Krenzer

Der Angsthase

Es war einmal ein Häschen, das war ein richtiger Hasenfuß. Es hatte einfach vor allem Angst: vor den Käfern und Würmern, vor den Nüssen, die durch einen Windstoß vom Baum geschüttelt wurden, vor den Mücken und vor den Sonnenstrahlen, wenn sie durch das Laub der Bäume plötzlich auf den Waldweg schienen. Dann hüpfte der kleine Hase vor Angst und Entsetzen oft viele Meter weit davon. Einmal sagte er zur alten, klugen Eule, die über seinem Nest im Baum wohnte und vor der er von Anfang an keine Angst gehabt hatte: „Ach, wenn ich doch nur ein bisschen mutiger wäre!"

„Du musst ganz klein anfangen!", riet ihm die Eule. „Wenn du dich vor den kleinen Sachen nicht mehr erschreckst, dann hast du auch vor den großen keine Angst mehr!"

Das leuchtete dem Angsthasen ein. Deshalb versuchte er, sich zunächst einmal einem kleinen Käfer ganz vorsichtig zu nähern, der vor ihm durch das Gras kroch. Der Käfer beachtete ihn überhaupt nicht. Er ließ sich noch nicht einmal aus der Ruhe bringen, als der Kleine einmal kurz an ihm schnupperte.

„Man muss klein anfangen!", sagte der Hase stolz und freute sich, dass er vor dem Käfer nun schon einmal keine Angst mehr hatte.

Dann versuchte er es mit den Würmern. Und bald stellte er zufrieden fest, dass er auch vor den Würmern keine Angst mehr hatte. Immer mehr versuchte der kleine Hase. Er schnüffelte an den Ameisen herum, beroch die Schnecken und Raupen … und hatte einfach keine Angst mehr.

Als er aber am Teich die Frösche aufstöberte, erschraken die so, dass sie vor lauter Angst ins Wasser sprangen. Das platschte nur so und der kleine Hase rief glücklich:„Jetzt bin ich so stark und mutig, dass alle Angst vor mir haben!" Als er sich aber umwandte, stand plötzlich der Fuchs vor ihm.

„Vor dir habe ich auch keine Angst!", rief der Hase übermütig. Er dachte gar nicht daran, dass ein Fuchs nun doch etwas ganz anderes ist als ein Wurm oder eine Schnecke oder ein Käfer.

„So!", sagte der Fuchs nur.

Er holte mit seiner Pranke aus und wollte dem kleinen Hasen einen ganz gehörigen Schlag hinter die langen Ohren geben.

Doch blitzschnell sprang der Hase herum und mitten in das Wasser hinein.„Manchmal ist es doch besser, Angst zu haben!", sagte er zu sich selbst, als er mühselig am anderen Ufer aus dem Teich kletterte.

„Wenigstens ein bisschen Angst sollte man haben!", meinte er. „Das ist besser, als zu viel Mut!"

Rolf Krenzer

Heiße Lämmer

Osterlämmerbacken gehört im Hause Möller genauso zu Ostern wie Eierfärben. Im Eierfärben ist Papa Spezialist. Backen kann Mama besser. Und Martin ist der beste Mithelfer, den es gibt. Auch wenn er beim Eierfärben mehr Farbe an den Händen und im Gesicht als auf den Eiern hat. Und beim Backen würde er den Teig am liebsten schon essen, bevor Mama ihn in den Ofen schiebt. Martin nascht überhaupt sehr gern. Deswegen muss Mama die Osterlämmer immer verstecken, sonst wäre bis Ostern nichts mehr übrig von ihnen.

„Vorsicht, heiß!", sagt Mama, als sie das Blech aus dem Backofen nimmt.
Mit einem Schaber hebt sie die kleinen Teiglämmer vom Blech und legt sie vorsichtig in eine Schüssel. Kaum schaut Mama weg, greift Martin schon in die Schüssel und ruft gleichzeitig: „Au!"
Mama schmunzelt. „Hat dich ein Lamm gebissen?"
„Quatsch!", brummt Martin, leckt seine Finger ab und pustet sie kühl.
„Ich hab dir doch gesagt, dass sie noch heiß sind, du kleines Schlecker-maul", sagt Mama und stellt die Osterlämmer zum Kühlen draußen auf den Fenstersims.
Als sie die Schüssel zwanzig Minuten später wieder hereinholt, sind deutlich weniger Lämmer drin. „Martin!", ruft Mama. „Wo steckst du?"

Sie muss noch zweimal rufen, bis Martin kommt. „Was ist denn?"

„Schau mal in die Schüssel!", fordert Mama ihn auf.

„Warum?"

„Entweder sind die Lämmer davongelaufen oder jemand hat von ihnen genascht", sagt Mama.

„Bestimmt sind sie davongelaufen", sagt Martin schnell. „Oder der Osterhase hat ein paar von ihnen mitgenommen und legt sie in ein Osternest."

Mama zieht ihren Sohn am Ohrläppchen. „Könnte es sein, dass der Osterhase Martin heißt und nur zwei Beine hat?"

Martin zieht die Schultern hoch. „Ich kenne mich bei Osterhasen nicht so genau aus."

Manfred Mai

Was kannst denn du?

Am 10. April vergangenen Jahres trafen sich ein Elefant, ein Affe, ein Hase und eine Schnecke.

Der Elefant war ein furchtbarer Angeber. „Ich bin das stärkste Tier der Welt!", rief er und stampfte mit den Beinen, dass die Erde bebte.

Der Affe lief zu einem Baum und kletterte in null Komma nichts hinauf. „Kannst du auch auf den Baum klettern wie ich?", rief er dem Elefanten zu.

Der Elefant trottete zu dem Baum, schlang den Rüssel um den Stamm und riss den Baum aus. Der Affe kreischte laut und konnte sich gerade noch mit einem Sprung retten, bevor der Baum auf den Boden krachte.

„Jetzt kannst du auch nicht mehr auf den Baum klettern", sagte der Elefant.

„Aber ich kann Purzelbäume schlagen!", rief der Affe und schlug gleich zehn Stück hintereinander.

„Pass mal auf!", sagte der Elefant, streckte den Rüssel in die Höhe und trompetete so gewaltig, dass dem Affen und dem Hasen fast die Ohren platzten. „Wer von euch kann das?"

„Dafür kann ich viel schneller rennen als ihr", behauptete der Hase und sauste los, dass nur noch eine Staubwolke zu sehen war. Als er zurückkam, war er ein wenig außer Atem.

„So schnell ka-ka-kann keiner rennen."

Der Elefant, der Affe und der Hase schauten die Schnecke an. „Was kannst denn du?", fragte der Elefant. „Kannst du die Erde beben lassen, Bäume ausreißen oder so laut trompeten wie ich?"

Die Schnecke schüttelte den Kopf.

„Kannst du auf Bäume klettern und Purzelbäume schlagen?", fragte der Affe.

Auch das konnte die Schnecke nicht.

„So schnell rennen wie ich kannst du sowieso nicht", sagte der Hase. „Ich glaube, du kannst gar nichts."

Die Schnecke zog ihre Fühler ein, denn sie hatte eben einen Regentropfen gespürt. Und wie das im April so ist, verdunkelte sich plötzlich der Himmel, und es fing heftig zu regnen an. „Pfui!", riefen der Elefant, der Affe und der Hase. „Wir werden ja ganz nass."

Die Schnecke aber zog sich in ihr Haus zurück und lauschte dem Regen. Für sie klang er wie Musik.

Manfred Mai

Kapitel 6

Maikäfer flieg

Sehnsucht nach dem Frühling

Komm, lieber Mai, und mache
die Bäume wieder grün
und lass mir an dem Bache
die kleinen Veilchen blühn!
Wie möcht ich doch so gerne
ein Veilchen wiedersehn, ach,
lieber Mai wie gerne
einmal spazieren gehn!

Christian A. Overbeck

Frühlingsgefühle

Jan geht in die erste Klasse. Sein Bruder heißt Dennis und geht schon in die siebte Klasse. Seit ein paar Tagen benimmt Dennis sich ganz komisch. Ständig duscht er. Freiwillig! Er braucht stundenlang im Bad. Wenn er endlich fertig ist, riecht er seltsam. Und seine Haare glänzen und stehen wie bei einem Igel in die Luft.

Wenn das Telefon klingelt, schreit Dennis:„Ich geh schon dran!" Aber meistens ruft bloß Jans Freund Axel an. Oder Tante Nora. Oder Papas Kollege. Dann muffelt Dennis:„Ist für dich", und schmeißt den Hörer auf den Tisch.

Manchmal ist der Anruf auch für Dennis. Dann schließt er sich mit dem Telefon in seinem Zimmer ein. Und redet und redet. Wenn er endlich wieder aus seinem Zimmer kommt, guckt er, als hätte er gerade ein Zeugnis mit lauter Einsen gekriegt.

Papa und Mama lächeln sich immer so an. Als wüssten sie ein Geheimnis.„Dennis hat Frühlingsgefühle", sagen sie.

Was das wohl heißen mag?

Aber Jan ist froh, dass Frühling ist. Endlich ist es warm. Endlich kann er wieder stundenlang mit Axel im Wäldchen spielen. Blöd ist nur, dass Axel gerade krank ist. Mit wem soll er jetzt spielen? Mit wem morgens zusammen in die Schule gehen? Und mit wem in der Stunde schwätzen?

An diesem Morgen kommt die Lehrerin mit einem fremden Mädchen in die Klasse. Sie sagt:„Das ist Lisa, unsere neue Schülerin. Wo haben wir denn noch Platz für sie?"

Alle Kinder schauen Lisa an. Sie hat ein blaues Kleid an. In ihrem Haar glitzert eine Spange. Sie sieht aus wie ein Schmetterling. Auf einmal ist Jans Arm in der Luft. Auf einmal hört er sich sagen: „Neben mir ist Platz."

Lisa setzt sich neben ihn. Weil sie noch keine Bücher hat, muss sie mit in

Jans Bücher gucken. Ihr Kopf ist ganz nah an seinem. Beinahe kitzelt ihr Haar seine Nase. Es riecht gut.

In der Pause zeigt Jan Lisa den Schulhof. Sie kennt sich ja noch nicht gut aus. Er zeigt ihr auch die Spielgeräte. Auf das Klettergerüst klettert sie ganz schnell rauf, obwohl sie ein Mädchen ist und ein Kleid anhat. „Im Wäldchen gibt es einen Kletterbaum¹", erzählt Jan. „Da treffen Axel und ich uns immer. Aber jetzt ist Axel krank."

Auf einmal hat Jan eine Idee. Lisa kennt das Wäldchen gar nicht. Den Kletterbaum auch nicht. Sie kennt überhaupt noch nichts. Sie wohnt ja erst seit ein paar Tagen hier. „Ich kann dir nach der Schule den Kletterbaum zeigen", sagt Jan. Lisa nickt so heftig, dass ihr Pferdeschwanz wippt.

Den ganzen Nachmittag spielen Lisa und Jan im Wäldchen. Sie klettern auf den Baum. Sie spielen Verstecken. Sie spielen Fangen.

Am Schluss sind sie müde. Da setzen sie sich auf einen Baumstamm und reden. Sie erzählen von zu Hause. Von ihren Schulen. Von ihren Freunden. Es gibt viel zu erzählen, weil sie sich noch nicht so gut kennen.

„Holst du mich morgen früh ab?", fragt Lisa. „Ich hab keine Lust, allein in die Schule zu gehen."

„Okay", sagt Jan. Er hat auch keine Lust, allein zu gehen.

Am nächsten Morgen steht Jan zwanzig Minuten früher auf als sonst. Er muss noch duschen. Er ist ja ganz dreckig vom Spielen gestern. Dennis steht vor dem Bad und donnert gegen die Tür.

„Wie lange brauchst du denn?", brüllt er. „Ich will auch noch rein."

Jan nimmt was von dem Zeug, das Dennis sich immer unter die Achseln sprüht. Dann schmiert er sich ein bisschen Gel ins Haar. Es sieht viel netter aus, wenn es vorne hoch steht, findet er.

Dennis beäugt ihn ganz komisch, als er aus dem Bad kommt. Aber er sagt nichts. Papa und Mama lächeln sich nur an. Als wüssten sie ein Geheimnis. Jan hüpft vergnügt aus dem Haus. Er freut sich auf den Schulweg. Die Sonne scheint. Die Vögel singen. Es ist wirklich schön, dass Frühling ist.

Luise Holthausen

Hilfe, ich ertrinke!

Ein starkes Maigewitter war heruntergeprasselt und hatte die Straße überschwemmt. Im Gully gurgelte das Wasser. Die Kinder sprangen von einer Pfütze zur anderen und waren schon klitschnass.

Der Regenwurm Lumbricus wand sich aus seinem tiefen Gang in der Erde heraus, um nicht in seiner eigenen Wohnung zu ertrinken oder zu ersticken.

„Aha, so sieht die Welt hier oben aus", dachte er, als er den Kopf aus einem Blumenbeet herausstreckte. Und schneller, als er denken konnte, spülte ihn eine Regenwelle in das Schnittgerinne der Straße.

„Hilfe!", schrie er entsetzt. „Hiiiiilfe! Wenn ich in den Gully gespült werde, bin ich verloren!"

So kroch und wand sich Lumbricus mit letzter Kraft auf die andere Straßenseite und blieb dort liegen. Die Ruhepause tat ihm gut.

So schnell das Frühlingsgewitter gekommen war, so rasch ging es auch vorüber.

Die Jungen aus der Straße schnappten wieder ihren Fußball, die Mädchen hüpften mit dem Springseil und der Kleinste von ihnen, Roman, schob sein Dreirad.

Als Lumbricus aus seinem Schläfchen erwachte, in das er vor Erschöpfung gefallen war, lechzte er nach Feuchtigkeit. Denn die Hitze war sein größter Feind. Er dachte in seinem kleinen Regenwurmhirn: „Auf der anderen Seite war es doch so schön nass, also muss ich wieder hinüber."

Gedacht, getan.

Inzwischen war aber die Asphaltstraße schon so trocken, dass er mitten auf der Fahrbahn liegenblieb. Er schmatzte und schnurrte: „Ich bin am Vertrocknen, wo ist denn bloß mein Erdloch?"

Da kam gerade der kleine Roman mit seinem Dreirad angerollt. „Oh, hier liegt ein Regenwurm!", rief er Michael zu, „den müssen wir tot treten!"

Michael ging schon in die Schule. Er sagte: „Halt, nein, lass ihn leben!" Dann nahm ihn Michael in seine flache Hand und zeigte Roman das Tierchen. „Schau, es zuckt noch ein wenig", freute sich der Große. „Ich setze ihn auf unseren Komposthaufen, da gibt es schon viele andere Regenwürmer."

Und Roman fügte hinzu: „Da werden sich aber seine Brüder freuen, wenn sie ihn wiedersehen." Sie liefen gemeinsam zum Komposthaufen und setzten Lumbricus dort ab. Eine Zeitlang schauten sie den Würmern zu, wie sie in den Pflanzenabfällen umherwühlten – und es war beinahe schöner als Fernsehen.

Rile Schöne

Langsamer als eine Schnecke

Marc-Oliver!"

Ein durchdringender Ruf.

Nicht zu überhören: Mama.

„Hm!", brummte Marc-Oliver, „ein doofer Urlaub! Niemand zum Spielen da und nichts darf man!" Er kroch aus der Hecke hervor. Sie wuchs vor dem Holzzaun. Der bildete an allen Seiten des Gartengrundstücks die Grenze zu den Nachbarn. Der Garten gehörte zur Pension „Oberleitner". Er war der ganze Stolz von Herrn Oberleitner. „Was machst du da?", fragte Mama. Sie saß im Bikini auf einer Liege. An Ostern. So heiß war es.

Papa hockte daneben und las Zeitung.

„Ich wollte einen Vogel fangen. Mit einem gelben Schnabel."

„Aha, eine Amsel!", sagte Papa.

„Wenn du so herumstreunst, trittst du im Garten noch etwas kaputt! Dann wird Herr Oberleitner sauer! Wir wollen keinen Ärger! Papa und ich brauchen auch unseren Urlaub!"

„Lass, Helga, der Junge hat Langeweile. Komm, Marc-Oliver!" Papa ging mit ihm auf den Balkon ihrer Ferienwohnung. „Siehst du das weiße Gebäude dahinten, unterhalb des Berges?" Marc nickte. „Das ist Schloss

152

Neuschwanstein. Sehr berühmt. Das werden wir morgen besuchen."

„Ja."

„Das klingt ja nicht sehr begeistert. Dann freu dich wenigstens am Frühling, an den Osterglocken, den Knospen der Bäume. Hier riecht es überall nach Gras und wie riecht es bei uns in der Stadt?"

Danach las Papa weiter Zeitung. Marc schlich sich aus dem Garten an die Straße. Schräg gegenüber stand das Hoftor offen. Ein Mann hing eine Maschine an einen riesigen Trecker an. Marc wäre gern mitgefahren. Eine ältere Frau hackte im Garten, eine jüngere brachte etwas in einen der Ställe. Ein Mädchen mit dunkelbraunen Haaren lief am Misthaufen vorbei. Sie war höchstens ein Jahr älter als er, also acht. Ein großer Hund schlich herum und eine graue Katze kam bis ans Hoftor. Auf dem Hof war etwas los. Dort wäre Marc gerne gewesen. Aber er traute sich nicht rüberzugehen. Nicht einmal richtig rüberzusehen, traute er sich. Stattdessen schubste er eine leere Zigarettenschachtel vor sich her.

„Dann müssen wir heute Nachmittag ja wohl etwas unternehmen", sagte Mama beim Essen. Dabei sah sie Papa an, als hätte sie gar keine Lust dazu. Papa zuckte mit den Schultern und nickte. Nach dem Essen machten Mama und Papa zuerst einmal einen Mittagsschlaf. Marc spielte mit dem Game Boy. Aber nicht lange. Er entschloss sich, durchs Dorf zu laufen. Zuerst wollte er es Mama und Papa sagen. „Aber dann muss ich sie ja wecken", dachte er und ließ es. Auf den Straßen war wenig los. An einem kleinen Platz stand eine Bank. Darauf setzte er sich. Einige Autos fuhren um den Platz herum. Zwei, drei Leute gingen darüber. Mehrere Kinder kamen mit Fahrrädern vorbei. Aber da sie ihn nicht kannten, blickten sie ihn nur kurz an und fuhren weiter. „Hier passiert sowieso nichts!", dachte Marc und ging wieder zurück. Im Garten der Pension befand sich kein Mensch. Die meisten Gäste waren unterwegs. Marc-Oliver hatte das Gefühl, als schliche die Zeit dahin. Langsamer als eine Schnecke. In der Mitte des Gartens stand ein großer Apfelbaum. „Da klettere ich rauf! Egal, was Herr Oberleitner sagt!", dachte er.

Gerade als er das tun wollte, passierte doch etwas. Ein junges Kätzchen schoss in den Garten. Ihm folgte ein Hund. Er bellte wütend und fletschte die Zähne. Das Kätzchen übersah einen Stein, kugelte sich und landete im Gartenteich. Marc lief sofort los. Der Hund knurrte ihn an. Marc ging vorsichtig an ihm vorbei. Dann kniete er sich hin und zog das Kätzchen aus dem Wasser. Er überlegte. Der Farbe nach konnte es der grauen Katze gehören, die er am Morgen gesehen hatte. Plötzlich stand hinter ihm das Mädchen von gegenüber. Sie sah den Hund, das nasse Kätzchen auf seinem Arm. Die Sache war ihr sofort klar.

„Danke für die Rettung!", sagte sie. Dann schimpfte sie den Hund und jagte ihn weg.

„Ich heiße Clarissa Kirchner."

„Ich Marc-Oliver Tommes."

„Willst du auch mal die anderen Jungen sehen?"

Marc-Oliver nickte.

Clarissa ging mit ihm in die Scheune. In einer Ecke balgten sich noch drei weitere Kätzchen. Die Mutter lag zufrieden daneben.

„Davon hätte ich gerne eins", rutschte es Marc-Oliver raus.

„Da haben meine Eltern bestimmt nichts dagegen. Sie sagen immer, wir haben genug von der Sorte."

„Aber meine."

„Ihr seid doch Urlauber – oder?"

Marc-Oliver nickte.

„Was machst du eigentlich den ganzen Tag in der Pension?"

Marc-Oliver zuckte mit den Schultern.„Ich spiele mit dem Game Boy oder laufe im Garten rum."

„Du kannst mit Trecker fahren. Wir pflügen ein Feld um. Hast du Lust?"

Und ob Marc-Oliver Lust hatte. Er fuhr mit. Clarissas Papa war sehr nett. Zwischendurch ließ er sie absteigen. Sie rannten durch die Gegend, brachen sich Stöcke ab und stauten einen schmalen Bach.

Marc-Olivers Eltern waren in der Zwischenzeit aufgestanden.

Sie hatten ihren Sohn im Haus und im Garten gesucht. Frau Oberleitner wusste, wo er war.

„Ich habe ihn rüber zu den Kirchners gehen sehen", sagte sie. „Er ist mit aufs Feld gefahren." Marc-Olivers Eltern sahen sich verwundert an. Irgendwann kam der Trecker zurück.

Sie seufzten und gingen rüber. Marc-Oliver war mit Clarissa zu den Kälbern gerannt. Der Kleidung nach zu urteilen, hatte er einen Teil des Feldes mit nach Hause genommen.

Aber er sah glücklich aus.

„Morgen darf ich mit zur Schafweide. Da sind ganz viele Osterlämmer geboren worden", sagte er.

„Morgen? Da steht eine Schlossbesichtigung an!", wollten Papa und Mama einwenden. Aber sie sagten es nicht. Stattdessen sahen sie ich sie an und nickten.

„Na ja, wenn du morgen wiederkommen darfst?!", meinte Mama.

„Darf er!", nickte Clarissa.

„Übrigens, eure Knospen habe ich gesehen, an jedem Strauch, ihr habt Recht mit dem Frühling", sagte Marc-Oliver. Papa und Mama lachten und gingen. Marc-Oliver hatte keine Zeit mehr für sie. Er half Clarissa Milch schleppen. Die Kälber hatten schließlich Durst.

ten Haaf

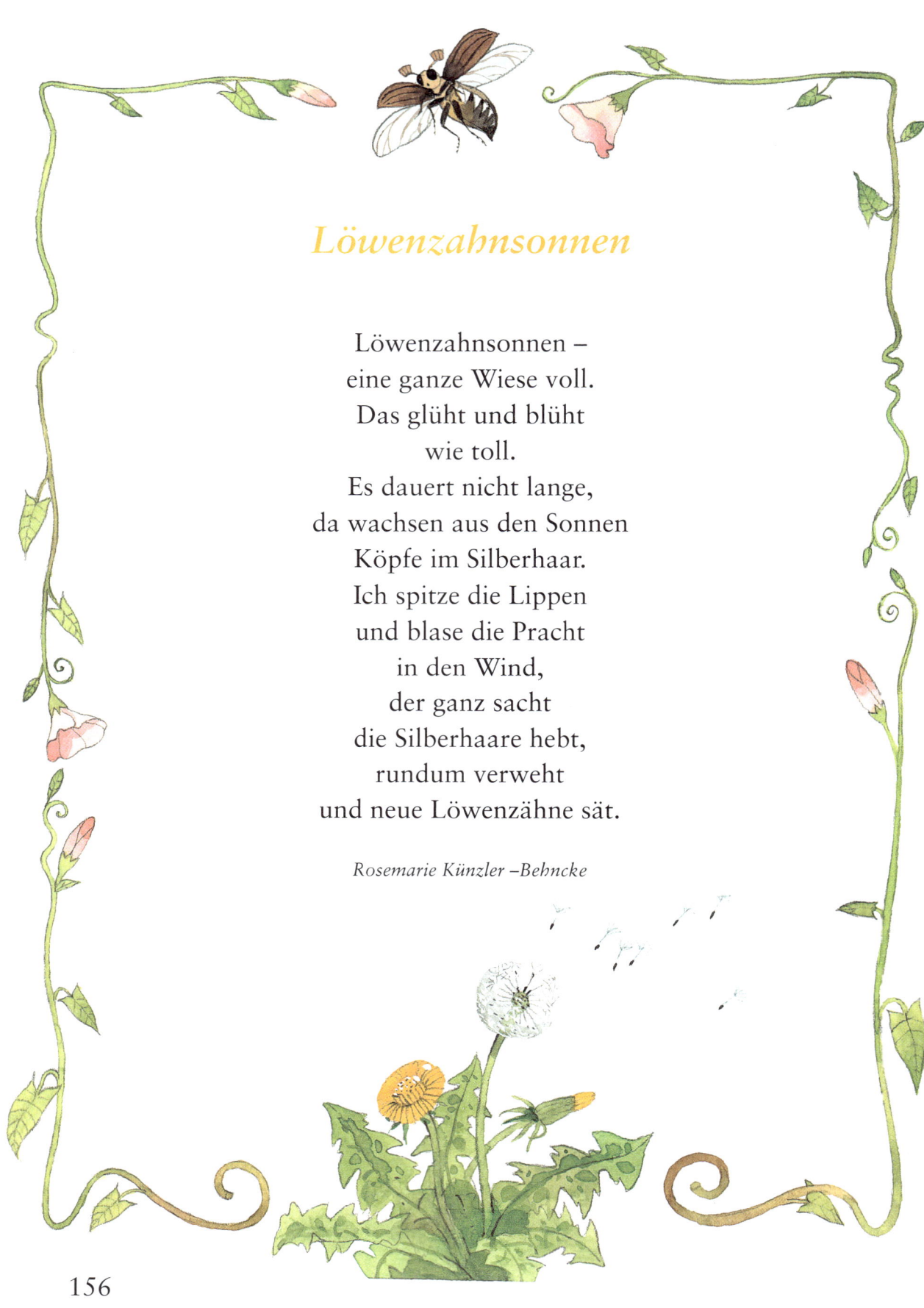

Löwenzahnsonnen

Löwenzahnsonnen –
eine ganze Wiese voll.
Das glüht und blüht
wie toll.
Es dauert nicht lange,
da wachsen aus den Sonnen
Köpfe im Silberhaar.
Ich spitze die Lippen
und blase die Pracht
in den Wind,
der ganz sacht
die Silberhaare hebt,
rundum verweht
und neue Löwenzähne sät.

Rosemarie Künzler –Behncke

156

Ein Fetzen Stoff

Steffi sah aus ihrem Zimmerfenster. Heftiger Wind schüttelte die Baumkronen. Ihr Zimmer befand sich unter dem Dach. Sie hörte deutlich das Gebälk knarren. Das Haus, in dem sie wohnte, war alt. Es war höher als die neu gebauten Häuser drum herum. Trotzdem überragten die Buchen und Eichen im Garten die Dachspitze. Plötzlich krachte es, als ob ein Ziegel heruntergefallen sei. War das der Frühjahrssturm, von dem Oma geredet hatte?

Steffi sah nach. Auf dem Speicher schlug ein offenes Fenster hin und her. Daher der Lärm. Steffi schloss das Fenster. Den Speicher zu betreten, war kein Problem. In den Keller dagegen traute sie sich nur ungern. Sobald sie die Schiefertreppe hinunterging, hatte sie Angst. In den Gewölben befand sich nichts weiter als die Heizung, Gartenmöbel, Vorräte. Trotzdem dachte sie immer wieder, jemand könne auf sie zustürzen und sie packen.

Steffi fielen die Blumentöpfe auf dem steinernen Balkonrand ein. Sie lief nach unten in die mittlere Etage. Zwei Blumen waren schon in den Garten gestürzt. Die anderen nahm sie vom Rand. Ihre Eltern waren nicht da. Sie kamen erst gegen fünf von der Arbeit. Jetzt war es zwei. Steffi wollte die Scherben beseitigen. Draußen zerrte der Wind an ihrem Sweatshirt. Außerdem donnerte es. Das Donnern kam rasch näher.

Sie lief zurück ins Haus, aber nicht nach oben, sondern zu Oma.

„Dein Frühjahrsgewitter ist da", sagte Steffi.

Oma nickte. „Ja. Hoffentlich kommt nicht zu viel Wasser runter."

Aber genau das geschah. Erst tobte das Gewitter, dann regnete es heftig. Die Gartenwege wurden zu Bächen.

„Das, was wir gesät haben, wird bestimmt weggeschwemmt", seufzte Oma. Sirenen gingen. Irgendwo fuhren Feuerwehrwagen. Auf der Straße, die sie durch die Bäume erkennen konnte, schoss das Wasser wie wild zur Dorfmitte. Der Regen schien nicht aufhören zu wollen.

„Schau bitte mal im Keller nach, ob dort schon Wasser steht! Das kann nämlich manchmal sehr schnell gehen!", sagte Oma. Steffi nickte. Als sie die Holztür öffnete, überfiel sie dieselbe Angst wie immer. Sie kämpfte sich Stufe für Stufe nach unten. Aber die untersten beiden konnte sie nicht mehr gehen. Dafür schwammen ihr Weinflaschen und Gurkengläser entgegen.

Es klingelte an der Hintertür. Davor stand völlig durchnässt ihr Freund Felix. Sie spielten fast jeden Nachmittag zusammen. Steffi hatte nicht damit gerechnet, dass er bei diesem Wetter auftauchte.

„Mein großer Bruder Bert wollte mich nicht gehen lassen. Aber ich bin ihm entwischt!", grinste er.

„Er dachte, ich würde, wenn ich zu dir gehe, weggeschwemmt. Große Brüder sind nervig."

„Große Schwestern auch. Aber Inga ist zur Zeit auf Klassenfahrt!" Steffi zeigte Felix den Keller.

„Stark!", rief er. Dann teilten sie Oma mit, dass Wasser im Keller stand. Oma sah sich die Sache an. „Wenn das Wasser wieder abgeflossen ist, werden wir den Keller lange schrubben müssen", sagte sie.

„Wir können schon vorher etwas tun und alles einsammeln, was herumschwimmt", meinte Felix, als Oma wieder weg war. „Ihr habt doch eine Luftmatratze?"

„Ja."

Sie holten sie vom Speicher, pumpten sie auf und paddelten los. Zwischen den Räumen gab es keine Türen. Nur der Heizungs- und der Tankraum waren verschlossen. Was sie fanden, brachten sie zu den Regalen zurück. Das machte ihnen Riesenspaß.

„Was ist denn das?", fragte Felix.

„Eine alte Holztonne", erwiderte Steffi. „Darin wurden früher Lebensmittel aufbewahrt."

„Sieht aus wie eine Trommel."

Nach einer guten halben Stunden gab es keine Nische des Kellers mehr, die sie nicht kannten.

„Ich weiß noch etwas Besseres", sagte Felix. „Der Bach, der durchs Dorf geht, ist angestiegen. Wie wäre es, wenn wir darauf fahren? Das muss toll sein!"

Kurze Zeit später liefen sie Richtung Bach. Dabei hielten sie sich die Matratze über den Kopf. Es regnete immer noch. Sie erkannten den Bach am Ortseingang kaum wieder. Er war zu einem See geworden. Sobald sie das Wasser erreicht hatten, paddelten sie los. Zuerst glitten sie ruhig über die überschwemmte Wiese. Die Sache schien ganz einfach zu sein.

„Das ist schöner als im Keller. Hier kann man viel weiter fahren!", meinte Felix.

„Ja."

Aber irgendwann wurde die Luftmatratze schneller, und zwar viel schneller, als sie wollten. Felix drehte sich überrascht um. „Zurück! Sofort!"

Das war einfacher gesagt, als getan. Aus dem ruhigen Bereich waren sie in die Strömung geraten.

„Die ist ganz schön heftig!", rief Felix. Steffi antwortete nicht. Sie versuchte mit aller Kraft zurückzupaddeln. Aber sie gerieten immer mehr in die Mitte. Steffi schrie. Sie wollte nicht schreien. Doch sie konnte nicht anders. Sowohl an ihr als auch an Felix gab es keine trockene Stelle mehr. Die Wellen stiegen hoch, rasten weiter, ohne Aufenthalt. Es konnte nicht mehr lange dauern und sie kippten um. Und dann? Das Wasser war wild und tückisch.

„Wir müssen so schnell wie möglich von der Luftmatratze runter! Das wird zu schnell!", rief Felix.

„Aber wo?!"

Rechts vor ihnen tauchte ein großer, knorriger Weidenbaum auf. Felix zeigte mit dem Kopf dorthin. Als sie ihn erreichten, ließen sie die Matratze los und klammerten sich an einen dicken Ast. Die Matratze bäumte sich auf und schoss davon. Das Wasser reichte ihnen bis zur Brust.

160

„Hoffentlich rettet uns jemand!", schluchzte Steffi. Felix war käseweiß im Gesicht. Sie hatten Glück. Bald hörten sie eine Sirene und sahen den roten Wagen der Dorf-Feuerwehr. Einer der Retter war Bert.

„Wie habt ihr uns gefunden?", fragte Felix, als sie wieder auf der Straße standen und sich bedankt hatten.

„Ich habe dich bei Steffis Oma gesucht, dann hat mir eine Nachbarin gesagt, dass ihr mit einer Luftmatratze durch das Dorf gelaufen wärt!", antwortete Bert glücklich, aber auch verärgert.

Steffi und Felix sahen sich an. Ihre Blicke sagten das gleiche: Größere Geschwister nerven, aber in diesem Falle zum richtigen Zeitpunkt.

„Und jetzt?", fragte Felix.

„Du meinst, wem wir eure Aktion verraten?"

Felix nickte.

„Ganz ohne Strafe wird es wohl nicht gehen!", meinte Bert.

Ein paar Tage später war der Bach wieder so schmal wie sonst, der Keller gereinigt, der Hausarrest ausgestanden und Salat und Möhren nachgesät. Die Sonne schien, die Obstbäume begannen zu blühen. Nichts deutete mehr auf das heftige Frühjahrsgewitter hin.

Irgendwann abends klingelte es. Steffi und ihr Vater machten auf. Herr Hilger von der Freiwilligen Feuerwehr stand vor der Tür.

„Hier!", sagte er und überreichte ihnen eine Plastiktüte. Darin befand sich ein zerfetztes Stück Stoff.

„Ist das der Rest der Luftmatratze?", fragte Papa erstaunt.

„Ja."

„Das Stück Stoff werden wir hier in der Diele aufhängen."

„Muss dass sein?!"

„Ja. Die Fahrt dürften Mama und ich so schnell nicht vergessen."

„Ich erst recht nicht", dachte Steffi.

„Geh mal bitte in den Keller und hol aus der obersten Reihe im Regal eine Flasche Rotwein", bat Papa, „ich möchte mit Herrn Hilger einen Schluck auf eure Rettung trinken."

Als sie den Keller betrat, machte Steffi eine sonderbare Entdeckung.

Sie hatte keine Angst mehr. Durch die Fahrt mit Felix hatte sie jeden Winkel gesehen. In keinem hatte etwas Gefährliches gelauert. Sie ging sicher zu dem Raum, in dem sich der Wein befand.

„Okay", dachte sie, „soll Papa den Fetzen Stoff doch aufhängen. Meinetwegen auch in der Diele."

ten Haaf

Kais Frühlingsnase

Kai kennt die besten Witze. Am liebsten erzählt er Blindenwitze. „Was essen Blinde zum Frühstück?", fragt er Tommi. Tommi zuckt die Schultern, aber er muss schon grinsen … „Mohnbrötchen", platzt es aus Kai heraus, „weil da immer so schöne Geschichten draufstehen!", japst er und die beiden kriegen sich nicht mehr ein vor Lachen. Blindschleiche, Blindfrosch, Blindgänger – alle Spitznamen für Blinde kennt Kai und wenn ihm wieder eine Hänselei hinterher gerufen wird, lacht er sich einfach einen.

Ganz plötzlich tut Kai seinem Kumpel Tommi furchtbar leid. Noch nie hat er es sich groß überlegt: Kai kennt zwar die besten Witze und hat die beste Hörkassettensammlung weit und breit; aber diese Brille mit den dicken Gläsern! „Mein Freund kann in ein paar Jahren überhaupt nichts mehr sehen", denkt Tommi traurig.

„Was ist los?!", sagt Kai sofort.

„Gar nichts. Guter Witz." Tommi fühlt sich ertappt.

„Doch, ich kann's doch riechen. Ich tu Dir leid!"

„So was kann man nicht riechen!"

„Ich kann alles riechen", prahlt Kai „zum Beispiel deine alten Stinksocken da irgendwo links unten.

162

Und jetzt gehen wir in euren Garten. Da beweise ich dir, dass ich alles riechen kann – mehr als du sehen kannst!" Mal wieder eine von Kais Prahlereien, denkt Tommi. Kai steht ungeduldig in der Tür: „Komm schon!"

Der Garten ist Frau Wiczinskys ganzer Stolz: Kräuter, Bäume, Frühlingsblüten noch und nöcher, schöner, am schönsten. Und weil Frau Wiczinsky die einzige in der Familie ist, die alle Namen der vielen Pflanzen kennt, hat sie kleine Schildchen vor jede Pflanze in die Erde gesteckt (Tommi kann sich fast keine einzige merken ...).

Kai liebt Gerüche und Düfte so sehr, dass er durch den Garten „lustwandelt" – wenn man es sehr dichterisch sagen möchte. Dabei deutet er mit traumwandlerischer (noch so ein dichterisches Wort) Sicherheit auf eine Pflanze nach der anderen: „Rosmarin, Lorbeer, Thymian, Kirschblüten, Tulpen, Osterglocken, Mandelbaum, Flieder, Liguster ..." und noch viele mehr, deren Schildchen viel zu klein gedruckt sind, als dass Kai sie lesen könnte.

„Ich kann riechen, dass ich dir schon nicht mehr so leid tue", lacht Kai. Tommi wird rot: „O.K., stimmt. Aber wie hältst du die ganzen Gerüche auseinander? Für mich ist das ein einziger Duftbrei."

Kai kichert schon wieder los: „Naja, wenn ich eine Blindschleiche bin, dann bist du halt ein Duftdepp", er zwinkert seinem besten Freund durch die dicken Brillengläser an: „Vielleicht brauchst Du ja eine Geruchsbrille."

Stephan Geesing

163

Die kleine Raupe

Es war einmal eine kleine, kleine Raupe. Weil sie so wenig beachtet wurde, begann sie eines Tages beim Umherkriechen im Gemüsegarten immerfort vor sich hinzusagen: „Was aus mir noch einmal werden wird! Was aus mir noch einmal werden wird!"

Sie kroch umher, fraß hier, fraß dort, sie drehte den Kopf nach rechts und sagte: „Was aus mir noch einmal werden wird!"

Da kam sie in die Nähe des großen Kohlkopfs. Rund und dick schaute er auf die Raupe herab und fragte: „Wer bist denn du?"

Aber die kleine Raupe kroch einfach weiter und sagte wieder: „Was aus mir noch einmal werden wird!"

Da kam sie in die Nähe vom Stachelbeerstrauch, der fragte spitz, wie es so seine Art ist: „Wer bist denn du?"

Aber die kleine Raupe kroch einfach weiter und sagte nur: „Was aus mir noch einmal wird!"

Zuletzt kam sie zum Radieschen. Das fragte höflich, wie es seine Art ist: „Wer bist denn du?"

Aber auch hier kroch die Raupe einfach weiter und sagte: „Was aus mir noch einmal wird!"

Eines Tages, als die Sonne besonders warm schien, sahen alle in den Gemüsegarten und sie sahen, wie die kleine Raupe den Gartenzaun hochkroch. Oben blieb sie ganz still liegen. Nach einiger Zeit wickelte sie sich ganz ein, wie in ein kleines weißes Bett und bewegte sich überhaupt nicht mehr.

Da sagte der große, dicke Kohlkopf: „Seht, nun ist es aus mit ihr!"

Und er sagte es so ganz von oben herab. Auch der Stachelbeerstrauch sagte das Gleiche, aber spitz, wie es so seine Art ist: „Nun ist es aus mit ihr!" Zuletzt sprach das Radieschen, höflich, wie es seine Art ist: „Nun ist es aus mit ihr!"

Aber nach etlichen Tagen geschah etwas: Aus dem weißen, runden Etwas kroch ein bunter, wunderschöner Schmetterling. Er flog über dem Gemüsegarten seine Kreise. Jetzt musste der große, runde Kohlkopf nach oben schauen. Er fragte: „Wer bist denn du?"

Der bunte Schmetterling aber flog immer um ihn herum. Da fragte der Stachelbeerstrauch den kleinen, bunten Schmetterling: „Wer bist denn du?"

Doch ohne zu antworten, flatterte der kleine Schmetterling glücklich weiter. Als er zum Radieschen kam, da fragte ihn das Radieschen höflich: „Wer bist denn du?"

Jetzt endlich anwortete der Schmetterling so laut, dass es alle hören konnten: „Kennt ihr mich nicht mehr, ich war früher die kleine Raupe!"

Da sprach der große, dicke Kohlkopf für alle anderen im Gemüsegarten: „Warum hast du uns das denn nicht vorher gesagt?"

Da antwortete der kleine, bunte Schmetterling: „Phhh! Dann hätte ich ja kein Geheimnis gehabt!"

Russisches Märchen

Wie Eule und Rabe
zu ihrem Federkleid kamen

Vor langer Zeit waren Eule und Rabe gute Freunde. Sie teilten sogar ihre Leckerbissen. Eines Tages sagte die Eule: „Wir haben beide so graue, unscheinbare Federn. Die anderen Vögel sehen so schön bunt aus. Wollen wir uns nicht gegenseitig ein bisschen anmalen?"

„Das ist ein toller Einfall", krächzte der Rabe. „Ich will gleich Farbe holen!"

Er zog sich seine Schwanzfeder aus und tunkte sie in einen Topf mit schwarzer Farbe. „Aber bleib schön still sitzen", sagte er, „das Malen ist eine anstrengende Sache!"

Er malte der Eule viele Striche und Tupfer und Punkte auf ihre grauen Federn. Als die Arbeit fertig war, trippelte er wohlgefällig um die Eule herum.

„Was bin ich doch für ein großer Künstler!", rief er. „Du bist ein herrlicher Vogel geworden!"

„So, jetzt möchte ich auch ein schönes Federkleid bekommen!"

Die Eule schlug mit den Federn und plusterte sich auf. Das lange Stillsitzen war ihr schwer gefallen. ‚Warum soll der arme Rabe so lange auf einem Fleck hocken?', dachte sie. ‚Meine Malkunst soll schneller gehen!'

„Setz dich hier auf einen Stein!", sagte sie. „Du darfst die Augen erst wieder aufmachen, wenn ich es dir sage."

Der Rabe tat, wie ihm befohlen. Mit kräftigen Strichen malte die Eule drauf los. Kopf, Rücken und Flügel bekamen eine tiefschwarze Farbe. Ruckzuck war sie fertig. „Du kannst die Augen aufmachen!", befahl sie. Der Rabe hüpfte erwartungsvoll zu einer Pfütze, um sein Spiegelbild zu bewundern. „Ich bin ja schwarz von Kopf bis Fuß, schrecklich!", stöhnte er.

„Was hast du denn?", fragte die Eule erstaunt. „Vornehm und edel siehst du aus mit deinem schwarzen Anzug! Wie das von weitem glänzt und schimmert!"

„Du faule Eule – ich will dich nicht mehr sehen!", krächzte der Rabe. „Fort – aus meinen Augen!"

Die Eule flog ängstlich fort, tief in den Wald und wagte sich seitdem nur noch nachts heraus. Bis auf den heutigen Tag haben die beiden ihr Gefieder behalten: Die Eule hat ein getupftes Federkleid und der Rabe sieht kohlrabenschwarz aus.

Barbara Cratzius

Kleine Verwechslung

Heute ist ein schöner Frühlingstag. Mama liegt im Liegestuhl im Garten und genießt die warme Sonne. Hannes baut in seinem Sandkasten eine Burg mit Wassergraben.

Das Wasser dazu will er aus der alten Wanne holen, in der sie Regenwasser sammeln. Als er mit seiner Gießkanne um die Hausecke biegt, stehen zwei Löwen an der Wanne.

„Mama!", ruft Hannes. „Bei der Wanne sind zwei Löwen!"

Weil Mama döst, versteht sie Möwen statt Löwen. Im Halbschlaf murmelt sie: „Vielleicht haben sie Hunger. Hol ihnen doch etwas zu essen!"

Hannes lässt seine Gießkanne fallen und läuft ins Haus. In der Küche öffnet er den Kühlschrank und findet zwei Schnitzel. Die schnappt er, läuft wieder hinaus und wirft jedem Löwen ein Schnitzel vor die Füße. Schneller als er gucken kann, haben beide ihr Schnitzel verschlungen. Sie lecken sich die Schnauze und gucken Hannes an, als wollten sie gern noch ein Schnitzel.

Hannes geht langsam zurück. „Mama, ich glaube, die Löwen haben noch mehr Hunger", sagt er.

„Im Brotfach liegt noch ein Brötchen von gestern", murmelt Mama, „das kannst du ihnen geben."

„Ich glaube nicht, dass sie Brötchen mögen", meint Hannes. „Sie wollen lieber Fleisch."

„Fleisch?", fragt Mama. „Ich habe noch nie gehört, dass Möwen Fleisch essen."

„Möwen?", fragt jetzt Hannes. „Hier sind keine Möwen, sondern Löwen!"

„Red keinen Unsinn, Hänschen", sagt Mama und schließt die Augen wieder.

Da kommen die Löwen um die Ecke, reiben ihre Köpfe wie Katzen an Hannes' Beinen und lecken seine Hände, die noch nach Fleisch riechen, ab.

„Ist schon gut", sagt Hannes. „Legt euch hin, ich hole euch noch mal etwas zu essen."

Die Löwen schnurren zufrieden und legen sich hin. Mama hört das Schnurren und schlägt die Augen auf. Sie sieht ihren Sohn zwischen zwei Löwen stehen.

„Was ich schon wieder so alles zusammenträume", murmelt sie schlaftrunken.

Manfred Mai

169

Quellenverzeichnis

Bolliger, Max: *Der Apfelbaum, Die Prinzessin und der Zeisig, Ich bin, wie ich bin, Worüber wir staunen*, aus: Hoffmann, Freitag, Das große bunte Vorlesebuch für Frühling und Ostern, © Pattloch Verlag, München 2003, © Max Bolliger

Cratzius, Barbara: *April, Die grüne Spur, Enzianblüten sind gefährlich, Wettlauf zwischen Hase und Igel, Wie Eule und Rabe zu ihrem Federkleid kamen*, aus: Hoffmann, Freitag, Das große bunte Vorlesebuch für Frühling und Ostern, © Pattloch Verlag, München 2003, © Barbara Cratzius

Dreißig, Georg: *Als der Winter nicht weichen wollte, Die singende Quelle*, aus: Georg Dreißig, Wenn ich König wär', © Verlag Urachhaus, Stuttgart 2001

Fährmann, Willy: *Das neue Leben*, aus: Rolf Krenzer, Drum feiern wir ein Fest, © Echter Verlag, Würzburg 1997

Geesing, Stefan: *Kais Frühlingsnase*, aus: Hoffmann, Freitag, Meine schönsten 5-Minuten-Geschichten zu Frühling und Ostern, © Pattloch Verlag, München 2004, © Stefan Geesing

Hoffmann, Carola: *Das Mitternachtspicknick, Vom Osterhasen bis zum Frühjahrsputz – Woher kommen die Bräuche? Wie die Schlüsselblumen ihren Namen bekamen*, aus: Hoffmann, Freitag, Das große bunte Vorlesebuch für Frühling und Ostern, © Pattloch Verlag, München 2003, © Carola Hoffmann

Holthausen, Luise: *Blaue Federn, Daniels abenteuerliche Zugfahrt, Frühlingsgefühle, Nina und Jojo*, aus: Hoffmann, Freitag, Meine schönsten 5-Minuten-Geschichten zu Frühling und Ostern, © Pattloch Verlag, München 2004, © Luise Holthausen

Inkiow, Dimiter: *Die Leidensgeschichte Jesu*, aus: Dimiter Inkiow, Maren Briswalter, Die Bibel für Kinder, © Pattloch Verlag, München 2003

Jeschke, Tanja: *Wie der Osterhase Ostern feiert*, aus: Hoffmann, Freitag, Meine schönsten 5-Minuten-Geschichten zu Frühling und Ostern,© Pattloch Verlag, München 2004, © Tanja Jeschke

Jünger, Brigitte: *Das Frühlingsnasenjucken, Mia will wachsen*, aus: Hoffmann, Freitag, Das große bunte Vorlesebuch für Frühling und Ostern, © Pattloch Verlag, München 2003, © Brigitte Jünger

Kaléko, Mascha: *Der Frühling*, aus: Mascha Kaléko, Wie's auf dem Mond zugeht, © Thorbecke Verlag, Stuttgart 1982

Krenzer, Rolf: *Der Angsthase, Pia und der Osterhase, Tanja und die Ostereier*, © Rolf Krenzer.
Derselbe: *Die Osternacht, Ostereier malen, Palmsonntag*, aus: Rolf Krenzer, Drum feiern wir ein Fest, © Echter Verlag, Würzburg 1997

Künzler-Behncke, Rosemarie: *April, April, Frühlingsfreuden, Löwenzahnsonnen, Osterträume*, aus: Hoffmann, Freitag, Meine schönsten 5-Minuten-Geschichten zu Frühling und Ostern,© Pattloch Verlag, München 2004, © Rosemarie Künzler-Behncke.
Dieselbe: *Ein Osterei für den kleinen Hasen*, aus: Desmarowitz, Künzler-Behncke, Ein Osterei für den kleinen Hasen, © Ravensburger Buchverlag 1994

Mai, Manfred: *Ein Ei, Heiße Lämmer, Ist doch klar, Quietschfidel, So was Süßes!* aus: Hoffmann, Freitag, Meine schönsten 5-Minuten-Geschichten zu Frühling und Ostern, © Pattloch Verlag, München 2004 © Manfred Mai.
Derselbe: *Osterhühner,* aus: Manfred Mai, Als der Osterhase verschlafen hatte, © Edition Bücherbär im Arena Verlag, Würzburg 1997.
Derselbe: *Kleine Verwechslung,* aus: Manfred Mai, Die schönsten 1-2-3-Minutengeschichten, © Ravensburger Buchverlag 2001.
Derselbe: *Was kannst denn du?* aus: Manfred Mai, Meine schönsten 1-2-3-Minutengeschichten, © Ravensburger Buchverlag 2003

Mayer-Skumanz, Lene: *Tino sucht den lieben Gott,* aus: Lene Mayer-Skumanz, Geschichten von Tino und Tina, © Patmos Verlag, Düsseldorf 2002

Ruck-Pauquèt, Gina: *Derselbe Sommer kommt nicht wieder, Gras unterm Schnee, Melanie sucht den Osterhasen, Wie das wohl ist?* aus: Hoffmann, Freitag, Das große bunte Vorlesebuch für Frühling und Ostern, © Pattloch Verlag, München 2003, © Gina Ruck-Pauquèt

Scheffler, Ursel: *Das Schulabenteuer,* aus: Hoffmann, Freitag, Das große bunte Vorlesebuch für Frühling und Ostern, © Pattloch Verlag, München 2003, © Ursel Scheffler

Schöne, Rile: *Die Pfütze im Hohlweg, Hilfe, ich ertrinke!* aus: Rile Schöne, Wer bist du kleiner Schmetterling, © Edition Anker im Christlichen Verlagshaus, Stuttgart 2001

Schweiggert, Alfons: *Am Waldrand, Frühlingsanfang, Die Glöckchenblume und der Schnee,* aus: Hoffmann, Freitag, Meine schönsten 5-Minuten-Geschichten zu Frühling und Ostern, © Pattloch Verlag, München 2004, © Alfons Schweiggert.

Derselbe: *Der Lenz ist da, Der Palmesel, Die Tochter des Frühlings, Frühling spüren*, aus: Hoffmann, Freitag, Das große bunte Vorlesebuch für Frühling und Ostern, © Pattloch Verlag, München 2003, © Alfons Schweiggert

Steinhöfel, Dietlind: *Der alte Griesgram und das Kätzchen, Der Baum und das Schneeglöckchen, Psalm 104*, aus: Hoffmann, Freitag, Das große bunte Vorlesebuch für Frühling und Ostern, © Pattloch Verlag, München 2003, © Dietlind Steinhöfel

ten Haaf: *Ein Fetzen Stoff, Frühlingsschlager, Langsamer als eine Schnecke, Pluspunkte*, aus: Hoffmann, Freitag, Meine schönsten 5-Minuten-Geschichten zu Frühling und Ostern, © Pattloch Verlag, München 2004, © ten Haaf